KB039984

따뜻한 냉정

따뜻한 냉정

초판 1쇄 인쇄 2019년 7월 19일
초판 1쇄 발행 2019년 7월 26일

지은이 박주경
펴낸이 정해종

책임편집 강지혜 **편집** 김지용
마케팅 고순화 **경영지원** 이은경
디자인 김미성 **제작** 정민인쇄

펴낸곳 ㈜파람북
출판등록 2018년 4월 30일 제2017-000070호
주소 서울시 마포구 양화로12길 8-9 예현빌딩 2층
전자우편 info@parambook.co.kr **인스타그램** @param.book
페이스북 www.facebook.com/parambook/ **네이버 포스트** m.post.naver.com/parambook
대표전화 (편집) 02-2038-2633 (마케팅) 070-4353-0561

ISBN 979-11-90052-09-2 03300
값은 뒤표지에 있습니다.

이 도서의 국립중앙도서관 출판시도서목록(CIP)은 서지정보유통지원시스템 홈페이지(seoji.nl.go.kr)와 국가자료공동목록시스템(www.nl.go.kr/kolisnet)에서 이용하실 수 있습니다.(CIP 제어번호: CIP2019027044)

난폭한
세상에
맞서는
우리의 자세

따뜻한 냉정

박주경 지음

파람북

추천의 글

이 시대 언어의 기능에는 듣기**hearing**가 빠져 있다. 시대 전체의 청각이 마비된 지는 이미 오래되었다. 듣는 자는 없고, 귀가 멀어서 악쓰는 자는 넘쳐난다. 모두 기를 쓰며 내지르는 말들이 날마다 미세먼지로 세상을 휩쓸고, 적대하는 말들이 부딪쳐서 먼지의 회오리를 일으킨다. 듣는 자가 없음으로, 이 시대의 말은 생활의 땅 위로 내려앉지 못하고 신기루처럼 허공으로 밀려다니는데, 이 신기루가 진실보다 더 큰 권력을 행사하면서 사람들 사이의 단절을 완성시킨다.

듣기는 음파를 청취하는 물리적 행위가 아니다. 듣기는 그 소리를 발신하는 자의 삶의 실체에 듣는 자의 삶을 포개는 전인격적 행위이다. 귀가 먹은 시대에, 사람들은 남의 고통을 이해하고 거기에 공감하는 감수성을 상실한다.

박주경의 글은 듣기를 통과해 나온 자의 말하기이다. 그의 글은 듣는 자의 글이고 듣기와 연결된 글이다. 듣기는 말하기의 바탕이고, 듣기의 바탕이 없는 말하기는 말이 아니라 음향에 불과하다. 박주경의 글을 읽으면서 나는 듣기와 말하기가 같다는 걸 알았다. 내가 남을 들음으로써, 나의 말이 남에게 들린다.
박주경의 글은 듣기를 포함하는 말하기이다. 그래서 그의 글은 모질거나 가파르지 않으면서도 자신의 목소리를 남에게 들리게 한다. 그 목소리에 사람과 사회에 대한 이해의 힘이 실려 있어서 듣는 이의 기쁨을 일깨운다.

김훈

목마른 달팽이가 물을 찾아 길을 떠났습니다.
어디선가 도마뱀이 나타나 코웃음을 칩니다.

“훗! 그 속도로 언제?
오아시스는 네가 갈 수 있는 곳이 아니야.”

도마뱀의 조소는 사막의 밤보다 차가웠습니다.
길을 앞지르던 전갈은 불같이 역정을 냈습니다.

“비켜, 이 느림보 달팽이야! 확 쏘아버릴라!
그렇게 기어 다니니 방해만 되지……”

전갈의 화는 사막의 낮보다도 뜨거웠습니다.
하늘에선 큰 날개를 가진 독수리가 말했습니다.

“어이구 이 답답한 친구야……
그 어깨 위의 집을 좀 떼어내고 가지 그래?”

달팽이는 말했습니다.

"떼어낼 수 없어.
날 때부터 등에 딱 붙어 있는걸……"

하루가 흐르고, 이틀이 흐르고,
달팽이는 모랫길을 헤치며 계속 나아갔습니다.
어느 날 다른 달팽이가 곁으로 다가와 말했습니다.

"너는 나보다 집이 더 크구나!
나도 무겁지만 네가 훨씬 무겁겠네.
그러고도 어찌 그리 잘 달렸대? 대단해……
조금 지나면 내리막이니까 같이 가보자."

그 말은 차갑지도 뜨겁지도 않았습니다.
처음으로 달팽이는
사막이 따뜻할 수 있음을 깨달았습니다.

글 머 리 에

희망의 온기

옛날이야기를 무작정 꺼내면 '꼰대' 소리부터 들을지도 모르겠습니다. 흘러간 무언가를 소환하는 건 레트로 '갬성'일 때나 환영받는 일이지 "나 어릴 적 어쩌고" "우리 땐 어쩌고"로 시작하는 일장연설은 웬만해서는 환영받기 힘드니까요. 어찌 되었든 그 시절을 살지 않은 세대에게는 그저 '안물안궁'일 수밖에 없습니다. 그럼에도 글머리부터 제가 옛이야기를 잠시 꺼내려는 건, '지금'이 얼마나 힘든 시대인지를 강조하기 위함입니다. 오해하지 마세요. 옛날이 더 힘들었다는 게 아니라 지금이 더 힘들다는 이야기를 하려는 겁니다.

제가 코흘리개였던 시절만 해도 뉴스나 신문을 보면 굶어 죽는 사람들이 꽤 있었습니다. 얼어 죽는 사람도 간혹 나왔지요. 먹을 것, 입을 것, 쉴 곳이 없어 죽는다는 건 지금은 상상하기 어려운 일입니다. 그런 비참한 죽음이 존재했다고 해서 당시 사람들의 표정이 지금보다 어두웠냐 하면 그건 또 그렇지 않습니다. 춥고 배고픈 시절이라고 마음까지 허기지거나 얼어붙지는 않았거든요. 불만을 가지려면 한도 끝도 없었겠으나 불만이 비집고 들어올 마음의 공간을 다른 무언가가 채웠다고 할까요? 비록 배는 좀 고팠어도 마음에는 요깃거리가 떨어지지 않았습니다.

우선 정이 있었죠. 힘든 일이 있으면 이웃 간에 서로 다독였고 그게 제법 약발이 먹혔습니다. 다 같이 어려웠기에 공감에서 얻는 치유력이 있었거든요. 양극화가 빚어낸 날 선 경계심 같은 게 없었습니다. 희망이라는 것도 한몫했겠지요. 아버지의 누런 월급봉투는 지금처럼 '입금과 동시에 사라지는' 급여계좌와는 뭔가 달랐습니다. 착실히 모으면 통장 속 돈이 불어났고, 그 통장에 든 예금과 적금이면 한 가족 몸을 뉠 소박한 보금자리도 구할 수 있었습니다. 큰 욕심 내지 않으면 가능한 시절이었습니다. 거기서 좀 더 욕심을 부리면 계층 이동의 사다리를 올라탈 방법도 있었고, 자기 노력으로 '흙수저'가 '금수저'되는 길도 열려 있었습니다. 아이들은 '참 잘했어요' 도장 하나에도 어깨가 으쓱했고, '미·양·가' 행렬 속에 낀 '수 · 우' 한두 개로도 무한한 가능성을 꿈꾸었습니다. 기회는 누구에게나 균등했지요. 그 희망의 온기가 삶의 시린 틈을 메워주었습니다.

시대는 이제 달라졌습니다. 문물이 화려해지고 모든 것이 넘쳐나게 풍족해졌지만 사람 사이의 온기가 식고 무엇보다 희망이 많이 쪼그라들었습니다. 어쩌면 이 화려함이, 풍족함이, 역설적으로 세상을 더 차갑게 만들고, 마음을 더 가난하게 굶겼는지도 모르겠습니다. 왜 아니겠습니까? 소외된 이들은 보다 외로워졌고 삶은 한결 지난해졌습니다. '풍요 속 빈곤'이라는 말은 이미 닳고 닳은 문구가 되었습니다. 그 간단한 표현 하나로 시대의 그늘을 조명하기에는 충분치 않습니다. 양극화는 해를 넘길 때마다 정점을 갱신하고 기회의 문은 자꾸 좁아집니다. 계층 이동의 사다리가 끊기고 동아줄은 가늘어졌습니다. 살면 나아질 거라는, 나도 언젠가 좋아질 거라는 희망이 자꾸만 식어가는 이유입니다.

기회의 병목현상 앞에서 커지는 건 반목과 갈등인가 봅니다. 위로가 필요한 이들에게 오히려 냉소와 혐오가 쏟아지는 시대입니다.

"너만 힘드냐? 내가 더 힘들다! 앓는 소리 하지 마라. 그럴 바에 그냥 죽자."

생사의 절박함을 호소하는 사람들 앞에서 누군가는 조롱 시위를 벌이기도 하고, 온갖 '인간 혐오'를 기치로 내건 단체들이 망설임 없이 전진하고 있습니다. 이미 헐거워질 대로 헐거워진 위태로운 '인간 망網' 위로 펄펄 끓는 혐오의 쇳물이 수시로 쏟아져 내

립니다. 얼마 남지 않은 얇은 매듭들마저 언제 다 녹아 없어질지 모를 일입니다.

혐오가 화염처럼 사람 사이의 관계를 태운다면 냉소는 한파가 되어 사회를 얼립니다. 공감해도 모자랄 아픔에 조롱과 비웃음의 댓글이 꼬리를 뭅니다. 문제를 진단하고 풀어보겠다는 냉정의 차원을 넘어, 아예 찬물을 끼얹어버리려는 냉소가 불붙은 혐오의 차선과 나란히 질주하고 있습니다. 종착지가 파국이라면 타거나 얼거나 둘 중 하나입니다.

우리가 지금 살고 있는 이 세상이, 우리 아이들이 계속 살아야 할 세상이, 이런 식으로 흘러가게 두어서는 안 됩니다. 냉소와 혐오가 시대의 지배 정서가 되어서는 안 되니까요. 서로를 미워하고 비웃기만 하는 사회에 희망이 설 자리는 없으니까요. 희망이 없다면 생은 악몽입니다. 하루하루를 악몽에 시달리는 너와 내가 모여 이 사회를 꾸린다고 생각해보세요. 세상은 지옥이 됩니다. 그래서 희망은 기어이 지켜내야 합니다. 증오의 뜨거움이나 냉소의 차가움이 아닌 희망의 따뜻함, 그 적정 온기가 절실한 시대입니다.

희망의 온기는 무엇보다 사람과 사람 사이에서 나옵니다. 공감, 소박한 믿음, 소통의 연대에서 온기는 잉태됩니다. 그 힘을 결코 과소평가해서는 안 됩니다. 세상을 바꿀 힘이 거기에 있음을 이 비관의 시대에도 목도하고 있습니다. 발전소 갱도의 어둠 속에서 쓸쓸히 죽어간 청년을 애도하는 물결이 '위험의 외주화'를 막자는 '김용균법'을 만들어냈고, 음주운전에 희생된 안타까운 청춘을 기리는 연대가 '비극의 고리'를 끊자는 '윤창호법'을 만들었습니다. 작지만 간절한 소망들이 모여서 큰 절망을 조금씩 넘습니다. 함께 지핀 희망의 온기가 세상의 부조리를 녹입니다. 고개 숙이거나 외면하지 않는 데서 변화는 시작됩니다.

이 책은 그 '온기'를 말하고자 합니다. 서늘한 냉소와 끓는 증오 대신 희망의 온기를 지피려는 데 간절한 소망이 닿아 있습니다. 이 글이 땔감이라면 아궁이는 독자들의 마음이겠지요. 거기서 군불이 지펴지면 얼어붙은 마을의 굴뚝에 다시 연기가 돌 것이고 저 멀리 희망의 봉수대에도 횃불이 피어오를 것임을 믿습니다.

2019년 여름

박주경

차　　　례

○ 오늘의 시선

○ 정의를 위하여

○ 관계의 온도

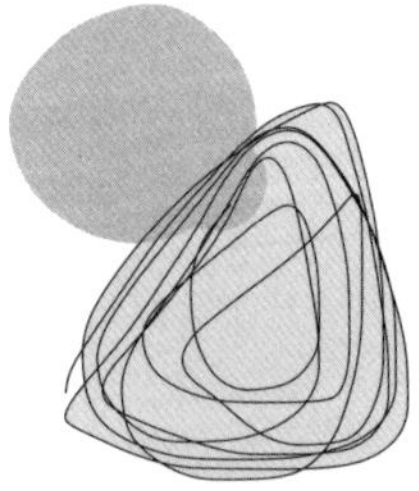

○ 기레기와 확신범

○ 내 머리 위의 우주

○ 오늘의 시선

회식도
꼰대도
사절합니다

영화 〈친구 2〉에서 두목 유오성이 김우빈에게 말한다.

"언제 애들(조직원들) 모아서 다 같이 밥 한끼 하자."

그러자 김우빈은 이렇게 답한다.

"그러지 말고 그냥 돈으로 주시지요."

요즘 제일 멋진 직장 상사는, 회식을 하더라도 돈만 내주고 먼저 가는 사람이라는 우스갯소리가 있다. 말이 우스갯소리지 실제로 그러길 바라는 직장인이 제법 많다. 먼저 가기는커녕 2차, 3차까지 부하 직원들을 끌고 다니는 상사가 있다면 그는 여지없이 이 말을 들을 각오를 해야 한다.

'꼰대.'

물론 면전에서 그 말을 하지는 않겠지만 뒤통수로 날아드는 비수가 더 섬뜩한 법이다. 요새는 아예 회식자리 자체를 싫어하는 젊은 층도 적지 않다. 구태나 폐습의 하나로 보는 시각이 많아졌다. 그래서 아랫사람 의사와 상관없이 시시때때로 회식을 소집하는 사람이 있다면 그 역시 이마에 주홍글씨로 '꼰대'라는 명패가 박히기 십상이다. 어쩌다 보니 우리 사회에서 '회식'은 이제 그런 존재가 되어버렸다. 화합을 도모하자던 결속의 장은 어쩌다 '꼰대(짓)'의 표상이 되어버린 걸까?

먼저 '꼰대'라는 말의 개념부터 정리해보자. 국립국어원 표준국어대사전은 꼰대를 "은어로, '늙은이'를 이르는 말, 학생들의 은어로, '선생님'을 이르는 말"로 설명한다. 그러나 매우 '점잖은' 해석일 뿐이다. 지금의 기성세대가 청소년이고 청년이었던 과거에는 그 정도 의미로 썼던 게 맞다. 아버지를 '꼰대'라 칭하기도 하고, 선생님을 '꼰대'라 부르기도 했으니 그저 '권위 있는 어른' 또는 '잔소리하는 어른'을 장난스럽게 빗대는 표현이었다. 그러나 지금의 청소년이나 청년 들이 쓰는 이 말에는 좀 더 '날'이 서 있다. 일단 수식어부터가 곱게 붙지 않는다. 주로 '존나'라는 말이 앞자리에 붙는다. "존나 꼰대 같아." "존나 꼰대스러워." 이런 식으로 말이다('존나'가 무엇의 줄임말이고 정확한 표기법이 무엇이며 그 뜻이 무엇인지에 대해서는 굳이 부연 설명하지 않겠다).

뒷자리에도 컬래버레이션으로 따라붙는 표현이 있다. 바로 '극혐'. "그 XX 완전 꼰대야, 극혐!" 이런 식이다. 여기서 볼 수 있듯이 기본적으로 '꼰대'라는 말 자체에 혐오의 의미가 담긴다. 대

개 어른들 가운데 모범이 되지 않고 쓸데없이 권위의식만 내세우는 사람들이 이 말의 표적이 된다. 젊은 층과 소통하려 하지 않고 제 주장만 옳다고 고집을 피워도 '꼰대' 소리를 듣기 쉽다. 특히 자신보다 지위가 낮거나 어리다는 이유만으로 무시하고 하대下對하는 기성세대가 있다면 여지없이 '꼰대'로 낙인찍히게 된다. 그때 듣는 '꼰대'라는 말은 '백 퍼' 경멸의 뜻이 담긴 표현이다.

말하자면 요즘 젊은이들에게 '꼰대'라는 표현은 일종의 저항용어다. 연령이나 지위 등에서 상대적으로 강자인 사람이 약자 앞에서 군림하는 자세를 취하면 '꼰대'라는 호칭으로 저항감을 드러내는 것이다. 또한 '꼰대질'이라는 표현을 쓰기도 하는데, 알다시피 '질'이라는 말도 그 자체로 썩 좋은 의미는 아니다. 사람의 행위 가운데 뭔가 질타를 받을 소지가 있는 것들에 주로 '질'이라는 접미사가 붙지 않는가. 싸움질, 도둑질, 이간질 그리고 꼰대질.

요즘은 기성세대도 이 말의 속뜻에 대해 어느 정도 인지하는 분위기다. 그 말을 안 들으려고 상당히 조심하기도 한다. 그러나 습관처럼 몸에 밴 꼰대질이 자기도 모르는 사이 툭툭 튀어나온다. 예컨대 식당에서 젊은 종업원을 "어이! 여기!" 이런 식으로 불러세우는 게 대표적이다. 나이가 많고 지위가 높다는 것만으로 하대의 권리가 생기는 건 아니다. 무작정 하대하는 건 요즘 기준으로 '빼박' 꼰대질에 해당한다. 본인이 어렸을 때 그런 대우를 받았다고 해서 아랫세대에게 그렇게 해도 된다는 당위성은 없다.

회식자리에서도 '갑툭튀(갑자기 툭 튀어나오는)' 꼰대질은 자주 목격된다. 처음엔 점잖게 시작했다가도 술만 취하면 후배들 잡도리를 한다든지, 강제로 술을 먹인다든지 하는 경우 말이다. 2차, 3차로 끌고 다니는 것도 마찬가지다. 자신이 젊었을 때 그런 식으로 충성을 다했다고 해서 아랫사람들에게 똑같은 걸 강요해선 안 된다.

물론 기성세대에게 회식이란 업무의 연장이고 조직단합의 장이었다. '예전엔' 그랬다. 그걸 순리처럼 자연스럽게 받아들이고들 살았다. 그래서 회식자리가 싫어도, 술을 마시지 못해도, 꾹꾹 참고 끝까지 참석하는 걸 미덕으로 여겼다. 하나 요즘은 다르다. 지금의 청년세대는 가장 못마땅한 관습 가운데 하나로 주저 없이 회식을 꼽는다. 일단 '워라밸' 기조와 맞지 않는다. 일은 일이고, 내 삶은 내 삶이어야 하는데, 일이 끝난 시간에도 회사 사람들과 같이 있어야 하다니 그 자체로 마뜩할 리 없다.

게다가 술잔이 오가는 회식자리에선 수시로 위계와 강압 문화가 등장한다. 폭탄주를 만들라고 시키고, 그것을 '원샷'하라고 강요하고, 심지어 흥이 오르면(물론 주로 상사들만의 흥이다) 노래나 장기자랑을 요구하기도 한다. 그 행위로 모두가 즐거우면 상관없다. 그런데 한 사람이라도 싫으면 그때부턴 곤욕이 된다. 젊은 세대가 회식을 꼰대질의 종합세트처럼 여기는 이유가 바로 여기에 있다. 개별성을 인정하지 않는 전체주의와 권위주의 같은 것들이 엿보이기 때문이다.

건배사 같은 간단한 의식에도 그런 상징성이 담겨 있다. '이 멤버 리멤버'라는 건배사가 한동안 유행했는데, 그 말뜻을 찬찬히 뜯어보면 간단치가 않다. '이 멤버(이 자리에 모인 사람들)끼리 리멤버(기억)하자'는 뜻인데, 화합과 친선의 다짐일 수도 있지만 일종의 카르텔 의식으로 보는 시각도 있다. 불참한 사람들을 배척하자는 것까진 아니지만, 적어도 이 자리에 모인 사람들끼리는 서로 '밀어주고 끌어주자'는 밀약의 성격이 엿보이기 때문이다. 우리 사회 속 인맥중심주의를 상징적으로 보여주는 단면일 수도 있다. 건배사 중에는 윗사람에 대한 충성맹세를 담은 것도 많다. '심조간O' 같은 게 화룡점정이다. "심장은 조국에! 간은 OXX에게!" 이런 식인데, 뒷자리에는 주로 그날 회식자리의 우두머리 이름이 들어간다. 내 간을 바쳐서라도 OXX 당신을 위해 열심히 술을 마시겠다는 눈물겨운 맹세다.

건배사 뜻은 둘째 치고, 그 행위 자체에도 권위주의나 전체주의 문화가 적잖이 깔려 있다. 특히 돌아가면서 한 번씩 의무적으로 하는 '릴레이' 건배사가 그렇다. 참석자 전원이 내켜서 동참하면 상관없다. 그런데, 웬만해선 그럴 리 없지 않은가. 남들 앞에 일어서기 싫은 사람이 있을 수도 있고 목청 높여 술을 찬양하고 싶지 않은 사람도 있을 수 있다. 그러나 예외를 허용하지 않는다. 결국은 강제할당이다. 주로 그날 모임의 좌장이 첫 신호탄을 쏘아 올리기 때문에 나머지는 하기 싫어도 따를 수밖에 없다. 일단 좌장이 건배사 릴레이를 선언해버리면 그때부터 거기 모인 사람들의 머릿속은 상당히 복잡해진다. 무슨 기발한 건배사를 해야 하나, 저마다 고민거리를 떠안게 되기 때문이다. 재미가 없어도 안 되고, 많이 들어본 것도 안 되고, 이것저것 제약도 꽤 많다. 이 기준들(재미, 참신함 등)을 잣대로 삼아 좌장은 좌중의 성향이나 능력을 재단하기도 한다. "재 순발력 좋네!"라든가, 그 반대의 평가를 하기도 한다. "순발력 꽝!" 소리를 들은 사람이 기분을 잡치는 건 자명한 일이다. 그러다 보니 중장년의 백발 희끗희끗한 샐러리맨들이 '참신한' 건배사 하나 찾아보겠다고 너도나도 황급히 휴대전화를 뒤지는 풍경도 연출된다. 그걸 보고 있노라면 어떤 비애감, 페이소스 같은 것마저 느끼게 된다.

술자리라는 게 모름지기 즐겁고 재미있고 스트레스를 푸는 자리가 되어야 간 버리고 돈 버리는 해악을 상쇄할 수 있다. 한데 이제 회식자리에서 그런 효력을 기대하기는 어렵다. 원샷이든 건배든 건배사든, 싫은 걸 하라는 것 자체가 스트레스고 몸과 마음을 해치는 일이 된다. 물론 기성세대 입장에서는 선뜻 이해가 안 될 수도 있다. "결속을 다지자고 하는 일인데 그리 저항할 일이냐? 공동체 생활에서 그 정도도 못 하냐?"라고 반문할 수도 있다. 하지만 일단 우리나라 같은 음주 회식 문화를 외국에서는 거의 찾아보기가 어렵다는 점에서 반문은 당위성을 잃기 시작한다. 글로벌 인재가 되라고 귀에 못이 박이도록 들어온 청년세대 아니던가. 그 '글로벌'이란 기준으로만 따져도 음주 회식은 고분고분 받아들일 소명이 부족하다. 그래서 요즘은 아예 '불참'으로 저항하는 젊은 직장인들도 많아졌다. 미처 행동으로는 드러내지 못하더라도 자기들끼리의 단체 대화방 같은 데서 얼마든 보복과 응징이 가능하다. 회식자리에서 각종 '꼰대질'을 시전한 상사가 있다면, 그의 이름은 다음 날 부하직원들 단톡방에서 거의 '누더기'가 될 것이다.

무엇이든, 상대가 원치 않는 걸 강제로 시킨다면 요즘 시대에 정당한 일로 용인받기 힘들다. 그 무슨 재미있는 행위라 해도 당사자의 마음이 내키지 않으면 소용없는 법이다. 심지어 '재미도 없는' 일을 '내키지 않아 하는' 사람에게 시킨다면 그건 최악이다. 작금의 젊은 세대가 회식이라는 관행 하나에도 심적으로 저항하는 데는 바로 그런 이유가 있다. 부장, 차장, 팀장이 즐겁다고 아랫사람들도 똑같이 즐거우리라 생각해서는 안 된다. 이 문제에 있어서는 나 역시 자유롭지 못하다. 직장 생활이 20년 차로 접어드는 동안 회식자리를 주재한 경험이 적지 않기 때문이다. 그간 얼마나 많은 후배가 나를 '꼰대'로 보았을까, 생각해보면 목덜미가 서늘해진다.

꼰대질이 무서운 건, 거기서 한 발짝만 더 나아가면 갑질이 되기 때문이다. 사실 꼰대질과 갑질은 한 끗 차이일 뿐이다. 눈살을 찌푸리게 했느냐, 눈물을 쏟게 했느냐의 차이다. 지위나 권세를 이용해 남의 눈살을 찌푸리게 했으면 꼰대질이고, 남의 눈에서 눈물이 나도록 만들었다면 갑질이다. 갑질은 꼰대질이 쌓이고 쌓여

부지불식간에 나오는 것일 수도 있다. 꼰대질이 꼰대질인 줄 모르고 마음대로 행하다 보면 어느 순간 '갑툭튀'하는 게 갑질이라는 말이다. 일단 한번 밖으로 불거져 나오면 그때는 이미 수습하기에 늦다. 갑질 하나로 패가망신하는 사례가 부지기수이다. 꼰대질이 갑질로 성장하지 않도록 미리미리 끊어내야 하는 이유다.

그런데 가끔 반전도 있다. 기성세대의 꼰대질 · 갑질을 그토록 가차 없이 비판하던 청년세대가 종종 그 이상의 꼰대질 · 갑질을 보여주는 경우다. 예컨대 해마다 거의 어김없이 뉴스에 등장하는 대학의 군기문화 말이다. 인터넷상에서는 '똥군기'라는 말로도 통용된다. 지성의 요람이라는 대학에서 선배가 후배들을 군대처럼 집합을 시키고 기합을 주고 매를 들고, 심지어 학내 연애도 하지 말라며 각서까지 돌린 사건이 2019년 새해 벽두 언론을 장식하기도 했다. 기성세대를 저격하며 지적했던 바로 그 '꼰대질· 갑질' 아닌가! 그걸 그대로 답습하면서 남을 비난할 자격은 없다. '내로남불'이라 했던가? 내가 하면 로맨스, 남이 하면 불륜…… 청년세대라고 면죄부를 받을 수는 없는 일이다.

아프니까 청춘?

청춘과는 한참 거리가 먼 일흔일곱의 어머니가 얼마 전 쓸개 제거 수술을 받았다. 올해 이른 봄의 일이다. 밖으로는 봄바람이 불기 시작할 무렵 노모는 맥없이 드러누웠다. 담석증으로 통증이 심해 밤새도록 끙끙 앓았다. 입원을 하고도 수술 일정이 바로 잡히지 않아 진통제 주사를 맞으며 며칠을 버텨야 했다. 진통제의 약발이라는 것도 무한하지가 않다. 한두 시간은 버티게 하지만 이내 또 고통이다. 그 순간, 송곳으로 배를 찌르는 것 같은 그 고통의 순간, 어머니가 절실히 요구한 단 하나의 해결책은 수술이었다. 1분 1초라도 빨리 곪은 쓸개를 떼어내 통증의 싹을 자르고 싶다 하셨다. 거기에 대고 "참아보세요, 참다보면 나아져요." 이렇게 말할 수는 없는 노릇이었다.

앓는 사람에게 그저 참으라는 말은 야속한 주문이다. 보호자인 나는 수시로 간호사를 찾아가 혹시 수술을 좀 앞당겨줄 수 없는지 묻고 또 물었다. 어머니께는 내가 없는 동안에도 통증이 심하면 언제든 의료진 호출 버튼을 눌러 도움을 청하라 했다. 수술은 하루 정도 앞당겨졌다.

아픈 사람은 도를 닦는 것도, 극기훈련을 하는 것도 아니다. 초능력자도 아니고 그저 아픈 사람일 뿐이다. 아프면 환자고 환자에겐 치료나 처치가 필요하다. 말보다는 약, 위로보다는 처방이 절실하다. 아픈 사람이 원하는 건 지금 당장 통증을 낫게 해줄 치유의 손길이다. 홀로 견디어 자연 치유되는 병도 있겠지만 세상엔 제힘으로 극복할 수 없는 병이 있다. 그럴 때 고통은 실존의 문제다. 곧 죽게 생겼는데 참고 견디라는 말은 공허한 수사다.

무작정 버텨보겠는가, 약을 먹겠는가? 물어보면 십중팔구 후자를 선택한다. 환자는 그럴 수밖에 없다. 그것이 고통의 본질이다. '겪어 마땅한' 아픔이란 없다. 환자에게는 오로지 '겪지 않으면 좋을' 아픔만이 있을 뿐. 당장 뼈와 살이 타들어가는 환자에게 아파도 될 이유를 구구절절 설명하려 든다면 없던 울화병만 생길 일이다.

이제 하려는 이야기는 몸의 병 이야기가 아니다. 마음의 병 이야기다. 사회 전체의 병일 수도 있겠다. 어쨌든 환자는 청춘이다. 마음이 병들었든, 사회가 병들었든 그로 인해 아픈 청춘들이 이 시대에 너무 많기 때문이다. 이야기는 '아프니 청춘'이 아니라 '아프면 환자'라는 명제에서 다시 시작한다.

'아프니까 청춘이다'라는 말이 한동안 유행했다. 그 말 속에는 '아픔을 견디며 기회를 기다려보자'는 잠언이 담겨 있는데, 상당 기간 위안의 키워드로 청춘들에게 약효를 발휘했다. 언젠가 좋아질 거라는 희망의 메시지가 녹아 있었고, 거기서 위로를 느낀 청춘들이 제법 많았다.

그러나 지금은 그 말에 열광하는 청춘이 그리 많지 않아 보인다. 그 말을 편안하게 받아들일 수 있는 마음의 여유가 더는 없어 보인다. 참고 견뎠지만 나아지는 게 없더라는 반론도 거세다. 출구가 보이지 않는 어두운 현실에서 그 잠언 하나가 '근본 치유책'이 될 수 없음을 체험으로 절감했기 때문이리라.

아프다고 온 사람에게 병원은 "아프니까 환자예요. 아프니까 인간이에요"라는 식으로 이야기하지 않는다. 사무장이나 상담사가 그럴 수는 있어도 의사가 그랬다가는 문 닫을 각오를 해야 한다. 중환자실에서 그런 말을 하면 멱살을 잡힐지도 모른다.

'아프니까 청춘'이라는 말이 진통제의 효력을 가질 수는 있다. 그러나 통증의 뿌리를 자르지 못한다는 점에서 진통제는 그저 '언 발에 오줌 누기' 정도에 지나지 않는다. 병은 낫지 않는데 내리 진통제만 투여하는 건 되레 면역력을 약하게 할 뿐이다. 간이나 신장 등 다른 부위까지 상하게 하는 부작용이 따를 수도 있다. 마음이라고 다르겠는가.

병이 점점 심해지는 상황이라면 진통제는 더더욱 의존할 것이 못 된다. 이 시대 청춘이라는 환자들이 느끼는 현실 고통의 강도는 갈수록 세지고 있다. 지금의 사회가 분명 그렇다. 교육 불평등이라든가 고용지표 같은 통계 자료는 굳이 인용할 필요도 없다. 온 국민이 다 아는 사실이다. 통증은 갈수록 심해지는데 아픔의 당위성만 설파하거나 진통제만 거듭 투여하는 건 허망한 일이다. 통증의 뿌리를 뽑는 일은 통증을 잠시 잊게 하는 일과는 차원이 다르다. 진단과 처방, 조제, 투약까지. 전문가의 손길이 필요한 영역이다. 당신이 아픈 진짜 이유, 굳이 이렇게 '더 아파야' 하는 이유, 그걸 정확히 진단하고 맥을 짚어야 거기 맞는 확실한 약을 처방할 수 있지 않겠는가.

사회 문제로 이야기해보자면, 전문가는 정치인일 수도 있고 정부 관료일 수도 있고 기업, 언론 등 다양하다. 중요한 것은 그들이 저마다의 자리에서 '제 할 일'을 제대로 해야 환자들의 살길이 열린다는 사실이다.

그럼에도 전문가란 사람들이 때때로 손을 놓고 있는 경우가 있다. 손을 쓴다고 썼는데 엉뚱한 맥을 짚는 수도 있다. 직무유기거나 명백한 의료사고다. 안 죽어도 될 환자들까지 죽게 만든다. 허술한 방역망 때문에 전염병이 더 확산되는 일도 있다. 진즉에 멈춰 세울 수 있었던 병이지만 기회를 놓친다. 의료 시스템 자체가 부실하거나 낙후되어 환자들이 제때 치료를 받지 못하는 경우도 있다. 뭐든 하나같이 공통점은 '전문가들이 제 역할을 제대로 하지 못 했다'이다.

우리 사회 어디에 대입해도 마찬가지다. 위정자들의 책임 방기와 전문가 집단의 엉뚱한 처방이 사회 문제라는 질환을 더욱 악화시키고 환자를 더 많이 양산한다. 사회적 병리 증세가 확산될 때, 법 제도와 국가 시스템마저 허술하다면 그야말로 속수무책이다. 1급 전염병 앞에 구멍 뚫린 방역 체계와 다를 바 없다. 몇 년 전 우리나라를 공포로 몰아넣었던 '메르스 사태'를 복기해보면 짐작할 수 있다.

이런 근원적인 문제들을 옆에 두고 "당신은 어떻게든 나을 겁니다, 참고 견디세요"라는 말만 되풀이한다면 그건 공염불에 지나지 않는다. 통증을 잠시 다스리는 진통제만 꽂아두는 것도 마약 처방에 불과하다. 잘못된 요인들을 뿌리부터 하나하나 찾아내고 병의 근원을 제거하려는 데서 전문적인 치료는 시작된다.

하지만 그것은 환자의 영역이 아니다. 환자들이 잘 참고 잘 견딘다고 해서 해결될 문제가 아니다. 전문가들이 밥값을 제대로 하고 기본 책무를 성실히 수행해야만 풀릴 사안이다. 진단이 잘못되었다면 뭐가 문제였는지를 파악하고, 어떤 새로운 약을 투여할지 결정하는 일, 그것은 환자들 능력 밖의 일이다. 참고 견디라는 조언에 환자들이 의무감이나 부채의식을 가질 필요는 없다. 참고 견딘 자에게 그 결과에 대한 책임을 전가하겠다는 이야기가 될 수도 있다. 그러니 다들 참는데 나만 못 참는다고 스스로를 책망할 필요 없다. 못 참겠으면 못 참겠다, 소리 내어 울어도 되는 게 환자다. 그걸 비난할 권리는 누구에게도 없다.

"나도 아파봤는데 너희만 유독 칭얼댄다. 그저 버텨내야지 무슨 답이 있겠는가?"

이 화법으로는 누구도 치유하지도 못하고, 치유 받지도 못한다. 치유는커녕 갈등만 고조시키는 기폭제가 된다. 그럼에도 청년을 향해 너무 쉽게 이런 말을 내뱉는 사람들이 많다. 세대 갈등, 계층 갈등의 골이 자꾸만 깊어지는 이유 중 하나다. 가뜩이나 신분 이동의 사다리가 무너지고 자력 성공의 문이 닫히고 출발선부터 다른 이 불공정 경쟁의 시대에, 청년 개개인의 인내심이나 지구력만 강요하는 건 부질없고 무책임하다. 그런 의미에서 2019년 초에 불거진 청와대 모 보좌관의 실언은 적잖이 부적절했다. 고용 문제로 힘들어하는 청년들을 향해 '취직 안 된다고 헬조선 운운하지 말고 아세안(동남아 쪽)이라도 나가서 일을 찾아보라'는 말을 했다가 한바탕 홍역을 치렀다. 그는 5~60대 중장년층을 겨냥해서도 '할 일 없다고 산에 가거나 SNS에 험악한 댓글 달지 말고 아세안으로 가라'는 말을 했다. 그러면서 베트남의 영웅이 된 박항서 감독을 성공 사례로 들었다는데, 정년조차 채우기 힘든 현실에서 중년의 일반 가장들이 들으면 그저 실소할 이야기다. 그 청와대 보좌관 본인은 여유롭게 산에나 다녔는지 몰라도, 회사에서

잘렸거나 은퇴 후 빈곤에 처한 아버지들이 눈물을 머금고 산에 오른다는 걸 미처 공감하지 못했던 모양이다.

약을 처방해야 할 전문가가 환자들에게 책임을 돌린 셈이나 다름없다. 결국 비난이 쇄도하자 실언을 인정하고 사과와 함께 물러났지만, 씁쓸함이 남는 것까지는 수습할 도리가 없다. 이런 일이 처음이 아니라서 더 그랬다. "일자리 없으면 중동에 가라." 했던 전직 대통령의 이야기로도 이미 많은 청년 구직자가 가슴에 상처를 입은 바 있다.

흔들리지 않고 피는 꽃이 어디 있겠느냐고 시인은 말했지만, 불어도 불어도 바람이 멈추지 않으면 피던 꽃잎도 결국 떨어지고 만다. 사방으로 삭풍이 부는 설원에서 개화를 기대할 수는 없다. 여건이 꽉 막혀 있는데 그저 참다 보면 좋아질 거라는 말은 희망고문에 가깝다. 꽃피우지 못해 마음이 아픈 환자에게는 장밋빛 공허한 청사진보다 일단 같이 아파해주는 것이 먼저다.

"네 아픔을 내가 안다. 아프면 울어도 된다. 참지 말고 목 놓아 울어라."

이렇게 공감의 말을 건네는 게 우선이어야 한다. 공감 없는 충고만으로 상처를 어루만질 수 있을 거라 꿈도 꾸지 마라! 저 높은 사다리 꼭대기, 청와대에서 나온 공허한 충고에는 어떤 '공감'도

담겨 있지 않았기에 누구도 치유하지 못하는 공염불이 되고 말았다. 오직 마음에서 마음으로 가닿는 깊은 공감만이 통증을 한 꺼풀이라도 벗겨낼 치유의 가능성을 지닌다. 어떻게든 함께 약을 찾아보려는 노력, 이해와 공감을 바탕으로 한 위로! 이것이 아픈 청춘을 대하는 기성세대의 기본자세여야 한다. 청춘은 나의 10년 전, 20년 전이고 내 아이의 10년 후, 20년 후이기도 하다. 우리가 만들어놓은 세상 위에서 청춘이 아파하고 후대가 자라난다. 청춘은 모두의 오늘이다.

2018년 가을 어느 날, 내가 진행하는 아침뉴스에 '상반기 청년 부채가 59조 원을 넘어섰다'는 내용의 리포트가 방송되었다. 만 19~29세 청년층이 각종 금융권에서 빌린 돈이 그만큼 된다는 것이다. 대출로 빚을 진 청년은 2백만 명을 넘어섰고, 그 가운데 상당수는 아무 소득도 없이 부채만 떠안고 있었다. 그러다 보니 빚을 감당하지 못하고 이른 나이에 파산을 신청하는 사례가 4년 사이 60퍼센트 넘게 증가했다. 전 연령층을 통틀어 유독 20대에서만 파산 건수가 증가했다는 분석은 마음을 더 무겁게 했다. 그럴 때면 앵커로서 기사를 소개하는 심정에도 어쩔 수 없는 동요 같은 것이 일게 된다. 돌이켜 보면 일종의 화였는지도 모르겠다. 그날 그 답답한 마음을 가라앉히며

썼던 방송 멘트는 다음과 같다.

"'아프니까 청춘이다'라는 말이 한동안 유행했는데, 아픈 건 둘째 치고 당장 이 빚은 어떻게 해야 할까요? 학비 겨우 감당하고 나면 취업이 안 돼서 또 주거비 · 생활비 빚을 지고, 취업이 된다 한들 주로 비정규직이다 보니 그 월급으로는 빚을 갚기가 힘들고…… 이렇게 해서 청년 부채는 상반기에 59조 원을 넘어섰습니다. 59조…… 더 이상 공허한 위로 같은 걸로는 청춘들을 달랠 수가 없습니다."

금수저가 네 것이냐
흙수저가 네 것이냐?

"이 금도끼가 네 도끼냐, 은도끼가 네 도끼냐, 쇠도끼가 네 도끼냐?"

산신령이 물었을 때 금도끼나 은도끼를 달라고 했던 나무꾼들은 모두 벌을 받았다. 그러나 산신령이 지금 세상에 나타나 청춘들에게 "이 금수저가 네 수저냐, 흙수저가 네 수저냐?" 이렇게 물었다가는 뺨부터 맞을지도 모른다. 시대가 그렇다.

세계 어디든 아프지 않은 청춘이 있겠냐마는 근래 유독 이 땅의 청춘들이 아픔을 호소하는 데는 나름의 이유가 있다. 그 배경으로 설명되는 것 가운데 하나가 바로 '수저' 이야기다. 이른바 금수저, 흙수저로 대변되는 신분 양극화와 기회 불균등의 문제 말이다.

빈부 격차란 사실 인류가 재화 거래를 시작한 이래 숙명처럼 떠안고 왔던 필요악이다. 다만 요즘 들어 부쩍 그에 대한 자각과 문제의식이 고조되는 것은, 부의 편중 현상이 너무 심해졌기 때문이다. 그것은 일단 우리만의 문제는 아니고, 범세계적인 추세로 봐야 한다. 상위 1퍼센트 부자들이 중하위 몇십 퍼센트의 재산을 다 합친 것만큼 많은 부를 소유했다는 이야기는 새로울 것도 없다. 프란치스코 교황도 2019년 2월 UN 식량농업기구를 방문한 자리에서 이 문제를 공식적으로 언급한 바 있다.

"소수가 너무 많은 것을 소유했고 다수는 너무 적게 갖고 있습니다. 많은 사람이 식량이 모자라 고통을 겪고 있는데, 소수는 남아도는 식량에 묻혀 익사할 지경입니다."

프란치스코 교황은 소수에게 부가 집중되는 불평등 문제가 미래 인류에게 재앙이 될 거라고 경고했다. 이미 문제가 심각하긴 하지만 점점 더 격차가 벌어지고 있으니, 이 추세대로 가다간 경고가 현실이 될 날도 머지않았다.

가장 무서운 것은 계층 갈등의 불씨다. 상위 극소수에 속하지 못한 절대다수의 열패감과 반감이 나날이 커지고 있다. 감정의 골이 깊어지는 만큼 사회에도 간극이 발생한다. '분열 사회'로 간다는 이야기다. 금수저, 흙수저라는 용어의 등장은 그 전조 증상이다. 태어날 때부터 다른 출발선에 대해 저항의식이 본격적으로 싹트기 시작하였단 뜻이다.

자유주의, 자본주의 사회에서 부유층에 대한 맹목적인 증오는 위험하다. 가진 사람이 더 쓰고 더 누리는 것을 비난해서는 안 된다. 그 자체로는 법적으로나 도덕적으로나 질타받을 일이 아니다. 다만 이 시대 대한민국의 젊은 세대가 이른바 금수저 계층에 강력한 저항감을 가지게 된 것은 다음의 두 가지 이유 때문이 아닐까 싶다.

하나는, 노력과 대가를 치르지 않고 '공'으로 얻는 것들에 대한 반감이다. 누구는 날 때부터 수십억 원 어치의 주식이나 부동산을 물려받고 출발하는데, 누구는 원룸 셋방 하나 구하기 힘든 현실에서 고군분투한다. 그러나 여기까지는 용납 가능하다. 모든 인간에게 똑같은 기회가 주어질 수는 없는 법이다. 단순히 물려주고 물려받는 일 자체를 힐난해서는 안 된다.

가진 사람이 여유분만큼의 자산을 후손에게 물려주는 걸 손가락질할 이유는 없다. 문제는 사회적 합의를 깰 때 발생한다. '물려받음'에 대해 정당한 대가를 치르도록 법과 제도가 정비되어 있는데, 그걸 따르지 않고 회피할 때 문제가 생긴다. '공'으로 얻는다는 건 바로 그런 것을 말한다. 주식이든 부동산이든 세금을 내고 투명하게 물려받아 보유하는 건 아무 문제가 아니다. 그런데 온갖 편법과 불법으로 증여세, 상속세를 회피하는 일이 너무 많다는 데 갈등의 불씨가 있다. 이미 수많은 뉴스와 신문기사를 통해 일상화되다시피 한 일이다. 매년 반복되는 국세청의 탈세 발표나 재벌 승계 비리 따위는 더 이상 메인 뉴스감도 안 된다. 너무 많이 등장해서 뻔한 이야기가 되었다. 그러나 그 뻔한 이야기들이 쌓이고 쌓여 강력한 저항감을 싹트게 한다. 번 만큼 꼬박꼬박 세금을 내는 평범한 노동자들에게 부유층의 천문학적인 탈세는 필연적으로 저항의식을 부른다. 물려받는 일에 노력이 없었던 것까지는 봐줄 수 있어도 응당한 대가마저 치르지 않는다면 그건 용인이 어렵다.

또 하나는 노블레스 오블리주의 부재다. 사회적 혜택을 누리는 지도층이 응당 보여야 할 모범을 보이지 않고 오히려 논란과 물의를 일으키는 것을 말한다. 가진 자산이나 지위, 능력 등을 오로지 사익을 위해서만 쓰고 사회에는 일절 환원하지 않는 것도 같은 범주에 들어간다.

최근 몇 년간 뜨거운 이슈였던 항공사 일가들의 갑질과 탈법 논란은 그 정점을 찍은 사건이다. 국민들의 분노가 그토록 강력하게 폭발한 것은 노블레스 오블리주의 부재에 대한 탄식이기도 했다. 더 이상 우리 사회 상류층에게 일말의 기대감도 품지 않겠다는 격앙된 선언이었을 수도 있다. 어쩌다 보니 한국 사회에서 경제 상류층은 그런 존재가 되어버렸다. 특권의식과 갑질이 몸에 배어 낮은 곳을 살필 줄 모른다는 그런 이미지 말이다. 그러나 상류층이라고 응당 그래야 하는 사람들이 아니다. 지위가 높고 가진 것이 많다고 해서 존경받지 말란 법이라도 있겠는가.

노블레스 오블리주를 자연스러운 순리로 실천한 사람들도 얼마든지 찾을 수 있다. 수많은 여론조사에서 한국인이 가장 존경하는 기업인으로 꼽힌 유한양행의 창업자 유일한 박사가 대표적인 인물이다. 기업의 사회 환원이라는 개념 자체가 생소하던 시절부터 선구적으로 행동에 나섰던 그는 다음과 같은 어록을 남겼다.

"기업의 소유주는 사회다. 단지 그 관리를 개인이 할 뿐이다. 기업에서 얻은 이익은 그 기업을 키워준 사회에 환원하여야 한다. 기업의 기능이 단순히 돈을 버는 데에만 머문다면 수전노와 다를 바가 없다."

모범 사례가 엄연히 존재하기 때문에 그 반대편에 걸려 있는 일그러진 상류층 초상에는 더 많은 돌팔매질이 날아드는 것일지도 모르겠다.

금수저 · 흙수저론을 기회 불균등의 문제로 정의하자면, 이는 비단 청년들만의 사안은 아니다. 기성세대도 이 문제로 상처받기는 마찬가지다. 경제적 상류층이 자산을 주로 금수저의 형태로 물려준다면, 사회적 상류층은 자리를 그런 식으로 물려주는 경우가 많다. 그 대상은 혈족을 넘어 사회인맥 전반으로 확대된다. 이른바 무슨 무슨 '피아(관피아, 모피아, 세피아 등)'로 대변되는 권력과 지위의 카르텔이 그것이다. 기득권층에 팽배한 '제 식구 챙기기'와 요직의 돌림 현상을 통칭할 수도 있겠다. 그들을 위한 밥상은 따로 차려지고 그 위에 금수저가 놓인다. 혈연, 학연, 지연 같은 것들이 반찬으로 오른다. 일단 한번 그 밥상머리에 앉으면 나중에 다른 밥상으로 옮기더라도 금수저는 승계될 가능성이 높다. '그들만의 리그'라는 표현이 그래서 등장했다. 세간을 떠들썩하게 했던 공정위 재취업 비리 같은 것들이 그런 식으로 불거졌다. 대기업을 감시, 견제해야 할 공정거래위원회 간부들이 제 식구(퇴직자)들을 재취업시켜 달라고 기업체에 압력을 넣었다. '공정위'라는 권력기관에서 고위직으로 정년을 채우고 연금까지 받는 사람들이, 또다시 대기업 고위직으로 줄을 타고 들어가 입이 떡 벌어지는 연봉을 받아 챙겼다. 남들은 정년 채우는 일조차 어렵고, 채운다 한들 그 이후의 생계가 막막한데, 그들은 '공정위'라는 밥상에서 금수저를 한번 물려받더니 자리를 옮겨가면서까지 계속 입에 물고 있었다. 공정을 부르짖던 사람들이 몸소 불공정을 실천했으니 '공정위'가 아니라 '불공정위'라고 불러야 할까?

법조계 전관예우도 대표적인 실증 사례다. 한번 '로열패밀리'에 들어가면 어떤 식으로든 그 기득권은 유지된다. '권력'으로 더 이상 승계받을 것이 없으면, 금수저는 '돈'으로 환전된다. 법복을 벗고 대형 로펌으로 옮기면 십수억 원대 연봉을 받기 때문이다. 그들에게 그만큼의 돈을 주는 이유는 결국 '전관예우'에 있다. 판검사 고위직을 섭렵한 이력과 인맥을 그만큼의 돈으로 사는 것이다. 아니라고 반박하려는 이가 있다면 다음의 기사 자료를 보자.

「국민일보」 2019년 1월 14일 자 기획기사 '사라지지 않는 전관예우·연고주의, 사법 룰을 흔든다'에 따르면 전관예우가 실제로 존재한다고 답한 현직 변호사 비율이 75.8퍼센트나 되었다

(대법원장 자문기구인 사법발전위원회가 고려대산학협력단에 의뢰해 2018년 6월 20일부터 10월 1일까지 법조 관계자 2,439명을 대상으로 조사한 결과). 판검사를 포함한 현직 법조기관 종사자도 55.1퍼센트가 전관예우를 인정했다. 학연 · 지연 · 근무 인연을 포함한 연고주의가 존재한다는 응답률도 58.4퍼센트나 나왔다. 법조계에 '그들만의 리그'가 여전히 건재함을 입증한 통계다. 스스로가 인정한 현실이라서 더 의미가 크다 하겠다.

재미있는 것은 전관예우를 인정하는 답변이 변호사(75.8퍼센트)보다 판사(23.2퍼센트)나 검사(42.9퍼센트) 쪽에서 훨씬 적게 나왔다는 점이다. 신문은 그 이유를 아주 흥미롭게 제시했다. 관들은 예우를 너무 당연하게 여기기 때문에, 전관예우가 전관예우라는 사실조차 잘 모를 거라는 어느 법조인 인터뷰를 첨부하였다.

그렇다. 너무 당연해서 특혜를 특혜로 인지하지도 못하는 것, 그것이 어쩌면 대한민국 일부 금수저들의 자화상일지도 모르겠다. 물론 모든 상류층 · 부유층이 부당한 특혜나 부정한 기득권을 누리는 것은 결코 아니다. 정당한 노력으로 자산을 일구고 부정에 맞서 정의를 실천하고자 애써온 지도층도 존재한다는 사실을 알아야 한다. 그러나 비록 일부의 일탈이라 해도 그것이 다수에게 주는 박탈감은 크다. 그 일부가 가진 권력이나 부의 규모가 그만큼 크기 때문이다.

개천에서
용 못 난다

날 때부터 입에 무는 수저의 색깔은 다르지만, 자기 힘으로 자기 의지로 어떻게든 그 색깔을 바꿔내는 사람들이 있었다. 태어날 때 주어진 자산은 없지만 후천적인 노력으로 계층 이동의 사다리에 올라타 꿈꾸던 직업이나 원하는 만큼의 재화를 얻어내는 일들이 가능한 시절이 있었다. 그런데 모두 옛날이야기다. 그 사다리는 대부분 끊긴 지 오래다.

이렇게 이야기하면 너무 부정적이고 단정적이지 않냐고 할 수도 있겠지만 현실이 그렇다. 나는 낙관론자도 비관론자도 아니지만, 지금의 세태를 설명하는 데 있어 이 표현만큼 선명한 것도 없다. 사다리는 끊기거나 가늘어졌다. 기회가 아주 없는 것이야 아니겠지만 그 기회를 잡는 일이 너무도 힘겨운 시대가 되었다.

개천에서 용 나기가 힘들어졌다.

계층 이동, 신분 상승…… 이런 것들이 삶의 절대적 가치가 될 수는 없겠지만, 그렇게 해서라도 현실의 삶을 바꿔보려 했던 사람들에게 무너진 사다리란 곧 절망의 표식이다. 적어도 노력한 만큼은 위로 올라갈 기회가 주어져야 희망의 불씨라도 살릴 수 있을 텐데, 이제 노력만으로 힘든 것들이 너무 많아졌다. 그중에서도 가장 큰 절망감을 주는 분야가 교육이다.

2019년 1월 28일 자 「국민일보」 기사를 보자. '계층 세습의 통로로 전락한 교육… 더 견고해진 스카이캐슬'이 제목이다. 국책연구기관인 한국교육개발원이 2018년에 발표한 '교육격차 실태 종합분석' 자료를 인용했는데, 월 소득이 2백만 원 이하인 가정의 자녀들은 서울의 4년제 대학교 진학률이 7~8퍼센트 수준이었고, 월 소득이 5백만 원 이상이면 그 비율은 25~30퍼센트로 껑충 뛰었다. 부모의 소득과 '인in 서울'과의 상관성을 어느 정도 선명하게 설명해주는 통계다. 쉽게 말해, 학업 성취의 전제조건으로 '돈'이 작용한다는 이야기다. 아이의 노력이 아니라 부모의 경제력이 성적을 결정짓는 요인이 된다면 애당초 출발선이 다르다. 1백 미터 달리기 경주를 하는데 누구는 50미터 앞에서 출발하고, 누구는 그만큼 뒤로 처져서 출발하는 셈이다.

출발선을 다르게 긋도록 만드는 것은 결국 사교육이다. 한국 사회에서 사교육 비중은 이미 공교육을 넘어선 지 오래다. 그러다 보니 돈과 정보를 더 많이 가진 집의 자녀들이 절대적으로 유리한 출발선에 서게 된다. "아이를 잘 키우려면 엄마의 정보력과 아빠의 무관심, 할아버지의 재력이 있어야 한다"는 우스갯소리는 더 이상 우스갯소리가 아니다. 현실이 그렇다.

요즘처럼 맞벌이 부부가 많은 현실에서는 더 그렇다. 아이를 케어해줄 수 있는 환경의 편차 또한 성적에 크게 작용하기 때문이다. 부모가 일터에서 돌아올 때까지 방과 후 시간을 혼자 보내야 하는 아이들이, 항시적으로 엄마나 아빠의 관리를 받는 아이들을 당해낼 재간이 없다. 옛날 같으면 부모가 바빠 신경을 못 쓰더라도 아이 혼자 열심히 공부해서 좋은 학교에 진학하는 일이 불가능하지 않았지만, 어디까지나 옛날이야기다. 이제는 교육에 대한 정보가 없으면 사실상 경쟁이 불가능하다.

그 정보력은 아이가 아니라 어디까지나 부모의 영역이다. 부모가 시간과 돈을 투입해야 아이 앞으로 정보가 온다. 학원은 둘째 치고 맞벌이들은 학부모들에게서 얻는 정보에도 접근하기가 어렵다. 평소 다른 집 엄마 아빠와 교류할 시간이 부족하기 때문이다. 등교 시간 직후 학교 앞 커피숍이나 저녁 시간 동네 맥주집은 '엄마표' 정보 교류의 핵심장이다. 맞벌이에게는 그림의 떡이다. 그렇다고 맞벌이를 포기하자니 시간은 벌 수 있는데 돈은 못 벌게 된다. 둘 중 하나만 가지고는 역시 경쟁이 안 된다. 맞벌이로도 생계가 빠듯한 시대에 외벌이로는 사교육 같은 건 꿈도 꾸기 어렵다. 진퇴양난이다.

돈으로 사는 정보는 결국 원하는 대학으로 안내하는 고급형 '내비게이션'이다. 각종 '지름길' 정보가 한 발 빨리 제공된다. 그 상징적인 단면을 보여준 것이 드라마 〈스카이캐슬〉이다. 고액 입시 컨설팅은 과장된 이야기가 아니라 엄연히 현실에 존재하는 실례實例다. 돈이 있으면 너도나도 정보를 향해 돌진하고, 그 정보가 모이는 곳은 집값까지 오른다. 진입장벽이 계속해서 더 높아진다는 이야기다. 왜 드라마에 '스카이캐슬'이라는 제목을 붙였는지 충분히 이해가 가는 대목이다. 캐슬Castle, 즉 성城처럼 장벽이 높아진 곳들이 이른바 '교육특구'를 형성하고 매년 진학 성적으로 그 이름값을 증명해낸다.

2019년 1월 21일자 「동아일보」 기사 '강남3구-양천-노원 등 진학률, 다른 區와 격차 최고 11.5배'는 위와 같은 문제를 집중 진단했다. 2014년부터 2018년까지 서울 지역 중학교에서 과학고, 영재고로 진학한 학생이 총 2,574명이었는데 그 가운데 강남구 출신이 382명으로 가장 많았고, 양천구(목동 관할)가 286명으로 그 뒤를 이었다는 내용이다. 상대적으로 가장 적은 지역은 중구(6명)였는데, 단순 인원으로만 비교하면 1위인 강남과 64배 차이가 났고, 1만 명당 합격 비율로 환산해도 11.5배나 격차가 났다는 게 기사의 요지다(「동아일보」와 종로학원하늘교육이 서울 중학교 졸업생 46만 3,319명을 전수 분석한 결과).

신문은 그 결정적인 이유가 역시 사교육에 있다고 지적했다. "수학올림피아드 준비 없이 서울 지역 과학고에 붙는 학생은 0명이라 봐야 한다. 전문 사교육 지원 없이는 도전 자체가 불가능하다"는 어느 입시 컨설턴트의 인터뷰도 덧붙였다.

예전 같으면 그저 학력고사나 수능 같은 공인시험 하나만 잘 봐도 어떻게든 '길'이 열렸는데 지금은 수시와 내신 비중이 높아져 더 어려워졌다. 요즘 학생들에게는 객관적인 공인성적보다도 어쩌면 학생부에 적을 특기사항이나 세부능력 같은 이른바 '스펙' 쌓는 일이 더 중요해졌다. 그리고 그 분야에도 어김없이 돈을 앞세운 사교육이 개입한다. 스펙 전략을 짜주고 관리하면서 기천만 원씩 받는 컨설팅이 등장하는가 하면, 내신 공략을 위해 학교·교사별 성향을 일일이 분석하는 학원들도 부지기수다. 하나같이 '없는 집 살림'으로는 붙잡기 힘든 사다리다. 정부가 사교육을 잡겠다고 내놓았던 어설픈 공교육 제도들은 마치 풍선효과처럼 다른 쪽 부작용을 돌출시키며 악순환을 반복해왔다. 「중앙일보」는 2019년 1월 14일자 기사 '한 번 삐끗하면 SKY 어려워… 90퍼센트는 들러리'에 한 입시학원 관계자 인터뷰를 실으며, 잘못된 고교 교육 제도로 인해 "나머지 90퍼센트 가까운 아이들은 방치된다고 볼 수 있다. 심하게 말하면 '들러리'"라는 표현도 인용했다.

그 표현대로라면, 90퍼센트의 들러리가 방치되는 사이 10퍼센트의 '선택받은' 소수가 사다리를 향해 먼저 출발하는 셈이다. 이것이 대한민국 교육현장의 상징적 '한 컷'일지도 모른다.

사다리 없이 맨손으로 기어올라 간신히 대학의 관문을 통과했다면 그다음은 또 어디인가? 직업 전선으로 나가면 거기는 사다리가 제대로 놓여 있을까? '출세'로 가는 사다리는 둘째 치고 정규직 입사 자체가 바늘구멍이 된 현실에서, 정년이나 승진 같은 소박한 희망마저도 누군가에겐 사치가 되어버린 시대다. 이미 이루고 가진 사람들에게는 더 큰 사치도 사치로 여겨지지 않을 수 있다. 본인이 밟고 올라간 사다리가 지금은 끊어지고 없다는 사실도 어쩌면 모를 것이다. 그래서 정치인이나 관료처럼 높은 자리에 오른 사람들 입에서 자꾸 실언이 나온다. 무너진 사다리를 복구시킬 책임을 진 사람들이 "그저 열심히 해봐요, 하다보면 돼요." 이런 식의 허무한 이야기만 반복한다. 약을 내놓아도 시원치 않을 판에 상처에 소금만 뿌리는 셈이다. 지금의 기회환경 자체가 자기 때와는 다르다는 사실을 지각하지 못하면 공감 없는 충고만 불쑥불쑥 튀어나오게 된다. 문제해결은 점점 더 요원해진다. 그래서 대중이, 언론이 계속 알려줘야 한다. 뭐가 잘못되었는지, 그들이 무엇을 간과하고 있는지. 그렇게 해서 뒤늦게라도 정신을 차리지 않으면 대한민국이란 배는 결국 산으로 갈지도 모른다.

사과를 부탁해

〈미스터 션샤인〉이라는 드라마를 챙겨 보았던 이유는 배우 변요한 때문이었다. 내겐 이병헌보다도, 김태리보다도, 변요한이라는 배우가 훨씬 매력적이었다. 정확히 말하면 그가 맡은 배역이 그랬다. 변요한이 연기한 김희성은 사실 요즘 시쳇말로 '사기캐'다. 사람 인연만 빼곤 모든 걸 다 가진 완벽한 인간형이랄까? 잘생긴 데다 재물을 갖추었고 본인 말대로 문무를 겸비했으면서 장난기 많고 지고지순하기까지 한 외유내강형 인물이다. 게다가 의리가 굳고 진실을 추구하며(그는 독립신문사까지 차린다) 불의를 못 참는 저항정신까지 갖추었으니 세상 존재하기 힘든 인간상이다. 그러나 그 모든 것 가운데 가장 인상 깊었던 점은 '사과할 줄 아는 그의 자세'였다.

부끄러움을 부끄러움으로 알고 기꺼이 진심으로 사죄하는 자세 말이다. 입신양명과 재물 축재를 위해서라면 피도 눈물도 없이 민초들을 착취했던 조선 제1의 부잣집에서 외동아들로 태어난 그는 아버지, 할아버지로 거슬러 올라가는 선대의 잘못까지 피해자들에게 두고두고 사과했다. 무엇보다 피해자들의 상처에 깊이 공감하고 함께 아파할 줄을 알았다. 과거를 어물쩍 덮고 자기 영달만을 향해 내빼는 것이 아니라, 과거를 분명히 매듭짓고 정의를 향해 나아가는 길을 택했다. 겉으로는 부유층 한량으로 보이지만 속이 꽉 찬, 무엇보다 책임을 중시하는 단단한 사람이었다. 무릇, 사과할 사람들이 사과할 줄 모르는 이 세상에서 그 인물이 보여준 성정은 그야말로 단비와도 같았다. 배우 변요한 자신도 『앳스타일』과 한 인터뷰에서 그런 점을 강조한 바 있다.

"(김희성은) 정말 멋진 남자였고, 남자이기 전에 멋있는 사람이었어요. 누군가에게 진심으로 사과를 한다는 것 자체가 쉽지 않은 일이잖아요. 그 진심을 느껴야 상대방도 사과를 받는 거니까요. 진심으로 부끄러워하면서 사과를 하는 것, 사랑하는 사람을 보내는 것, 총과 칼이 자신을 향해도 요동하지 않고 웃을 수 있는 것. 그런 결단의 힘이 굉장히 강하게 느껴졌어요. 겉으로는 한량처럼, 신념이 흐릿한 사람처럼 보이지만 무언가를 하고 있었다고 생각해요. 표면적으로 드러나지 않았을 뿐이지 속으로는 꿈틀거리고 있었을 거라고요."

그 꿈틀거렸다는 것들, 김희성이 하고 있었다는 것들 가운데 가장 멋진 일이 바로 사과였다. 그러나 그 시대 역사에서 그런 멋진 사과를 찾아보기란 쉽지 않은 일이다. 오히려 사과해야 할 사람들이 사과하지 않아 피해자들 마음에 더 큰 생채기를 낸 사례들이 넘쳐난다. 친일파가 그랬고 세월이 좀 지나서는 독재 정치인들이 그랬다. 일제강점기 시절 탄압받던 민족을 배반하고도 "나는 잘못한 게 없다, 시대가 그랬다!" 뻔뻔하게 목소리를 높인 반역자들이 얼마나 많은가? 영화 〈암살〉에 나오는 친일파 염석진(이정재 분)을 보면 그 시대의 상징적 단면을 엿볼 수 있다. 염석진이 스스로를 변론하며 쏟아내는 마지막 법정 연설은 그야말로 적반하장의 백미가 아닐 수 없다. 실제로 그렇게 살아남은 친일파들이 부지기수다. 해방 이후에는 이념전쟁과 독재를 거치며 정치꾼들이 그 바통을 이어받았다. 무고한 시민들에게 누명을 씌워 옥살이를 시키고 학살까지 자행했던 사람들 가운데 그 누구도 진심으로 사죄했다는 이야기를 들어본 기억이 없다.

오히려 정당한 책임 규명 작업을 '보복'이라고 몰아세우며, 가해자가 피해자 행세를 하는 경우가 많았다. 이는 최근까지도 법정에 선 여러 정치인들의 태도에서 생생히 목격할 수 있었다. 학살의 책임자가 학살을 증언한 성직자를 비난하며 "파렴치한 거짓말쟁이"라고 몰아붙이기도 했다. 명예훼손 혐의로 법정에 불려 나가면서도 사과 대신 "이거 왜 이래!"라는 고함을 남겨 피해자들을 아연실색하게 했다.

굳이 역사적 사건을 들출 필요도 없다. 뉴스를 틀면 수도 없이 등장하는 키워드가 '적반하장'이다. 정치인, 기업인, 예체능인…… 공인이라는 사람들이 남에게 상처를 주고도 사과는커녕 자기가 억울하다고 목소리를 높이는 예가 얼마나 많은가? 사과를 하더라도 당장 자기에게 표를 주고 물건을 사주는 대중들에게만 두루뭉술하게 하고 만다. 정작 피해 당사자에게는 고개를 잘 숙이지 않는다. 대중에게 했다는 그 사과 역시 사실은 '거짓 시늉'이었던 게 들통나기도 한다. 그 꼴을 자꾸 보다 보면 대중들 가슴에는 울화병이 절로 도진다.

역사학자 전우용 교수는 이와 같은 문제를 한국 사회의 고질병이라고 지적하며 자신의 트위터에 이런 글을 올려 경종을 울린 바 있다.

"남을 억울하게 만든 사람들이 되레 억울함을 토로하는 게 대표적인 한국병입니다. 이 병을 빨리 치료하지 않으면 나라 망합니다."

이 멘션의 계기가 되었던 사건은 모 공기업의 채용비리였다. 정치인들의 청탁을 등에 업고 여러 사람이 부정취업했다는 의혹이었다. 그런데 그 주인공들의 대응이 참 의외였다. 사과하거나 사퇴하거나 자숙하는 게 아니라, 오히려 집단 반발 조짐을 보였다. 비리 혐의가 드러나 채용 취소 등의 징벌 조치가 내려지자 그걸 받아들일 수 없다며 소송 등을 도모하였다.

비슷한 사례는 또 있다. 시중 은행에서도 채용비리가 불거진 일이 있다. 그런데 해당 사건으로 전직 은행장이 기소된 뒤에도 부정취업 당사자들은 1년이 넘도록 회사를 버젓이 다녔고, KBS 취재에서 그 실태가 드러났다. 그들은 전직 국정원 고위직의 딸, 금감원 간부의 조카, 국기원 전 원장의 조카, 은행 고위 임원의 딸 등이었다. 부정입사 의혹을 받는 사람이 총 서른여섯 명이었는데, 그 가운데 스물여덟 명이 계속 재직하고 있었다. 취재진이 찾아가서 입장을 묻자 사과나 반성의 뜻을 표한 사람은 없었다. 그저 "모른다." "불쾌하다." "가족에게 먹칠하기 싫다." 이런 식의 답변만 나왔다. 자기 가족에겐 먹칠하기 싫다는 사람들이 다른 가족 앞길에는 먹칠을 했다는 걸 아는지 모르겠다. 부당취업이란 그만큼의 부당탈락을 뜻한다. 인맥과 외압 등을 이용해 부당채용된 사람들이 있다면 다른 응시생들이 그만큼 부당하게 탈락했을 것이다. 그런데도 되레 자기가 억울하다거나 불쾌하다고 하니, 역사학자에게서 '망국병' 진단이 나올 만도 하다.

멀리 갈 것도 없이 일상에서도 이런 적반하장의 사례들은 얼마든지 접할 수 있다. 대표적인 게 '접촉사고'다. 벌써 그림이 그려지지 않는가? 사고를 낸 건 상대 차량인데 그 차 운전자가 목덜미를 잡고 내리는 풍경 말이다. 사고를 당해본 사람은 알겠지만 일단 상대측 운전자가 목덜미부터 잡는 순간 마음을 단단히 먹어야 한다. 잘못한 게 없는데도 과실을 옴팡 뒤집어쓰기 싫다면 말이다. 이 사람이 목소리까지 크면 각오를 더 세게 해야 한다. 그 사람은 이미 피해자로 둔갑하고자 하는 만반의 준비가 된 셈이다.

가해자의 자기정당화로 인해 궁지에 몰리는 건 피해자뿐만이 아니다. 피해자를 도우려던 제3자까지 낭패를 보는 경우가 많다. 폭행 등의 범죄 현장에서 그런 일이 자주 발생한다. 피해자를 구하겠다고 가해자와 맞섰는데 돌아오는 대가는 '쌍피(쌍방폭행피해)' 입건이다. 허무하고 원통한 일이다. 송사訟事에서도 마찬가지다. 중간에서 진실 규명을 도우려다 모함을 받아 되레 '나쁜 사람'으로 몰리는 일이 적지 않다. 이런 사례가 해외에서는 찾아보기 힘든 일이라 더 답답하다. 어느 선진국이 의인을 그런 식으로 취급하겠는가? 가해자의 적반하장도 문제지만, 가해자의 그런 태도가 먹히는 사회시스템, 법리체계부터 문제가 있다. 이쯤 되면 우리나라는 '의인되기 힘든 나라'라고 해야 할까? 인정하고 싶지 않지만, 외국 사람에게 보여주고 싶지 않은 현실이기도 하다.

"목소리 큰 놈이 이기지."

이 말은 농담인 듯 농담 아닌 진리의 메시지가 되고 말았다. 적어도 가해자들 사이에서는 그렇다. 사과는 무슨 금기어처럼 치부된다. 죄를 지어놓고도 큰소리부터 치고 보는 게 일종의 수순처럼 되었다.

왜일까? 왜 우리 사회에서 유독 이런 문제가 도드라질까? 혹시 역사적 교훈을 통해 체화된 건 아닐까? 끝까지 버티다 보면 가해자가 피해자가 되기도 하고, 피해자가 가해자가 되기도 했던 그 무수한 선례들을 통해서 말이다. 어떻게든 책임을 피하고 도망갈 구멍이 있을 거라는 신념, 그 그릇된 사고체계는 결국 망국의 뿌리가 될지도 모른다. 역사학자의 탄식처럼 말이다. 정의와 불의가 손바닥 뒤집듯 반전反轉되는 사회가 어찌 제대로 돌아가는 사회겠는가?

내 돈은
어디로
흘러가고 있을까?

이웃끼리 콩 한 쪽도 나누어 먹는 게 우리네 인정이라지만 그건 사실 옛말이 되었고, 이제는 뭐 하나라도 나눠 쓰려면 그 대가를 치르는 게 공식이다. 아예 나눠 쓰는 걸 하나의 사업 양식, 나아가 경제 패러다임으로 구축한 시대기도 하다. '공유 경제'라는 말이 그렇게 탄생했다. 재화나 서비스의 공유를 기반으로 한 각종 신사업들이 그야말로 파죽지세로 시장을 넓혀 나가고 있다.

우버, 쏘카, 에어비앤비…… 가지고 있는 차를 나눠 타고, 살고 있는 집을 나눠 쓰는 등의 공유 사업 방식은 획기적인 비즈니스 모델로 성장해 전 세계에 급속히 확산되고 있다. 어차피 혼자서는 충분히 활용도 못 할 거, 나눠 쓰고 돈까지 받으니 얼마나 좋은가. 이용자는 이용자대로 편리한 방법으로 다양한 옵션을 고를 수 있어 좋다. 사업자에겐 실용성이, 소비자에겐 편의성이 높다. 물건이나 자산을 방치하고 놀리느니 어떻게든 쓸모있게 재활용하고 수익까지 창출한다면 금상첨화가 아닐 수 없다.

다만 곰곰 생각해본다. 이 신사업의 등장으로 가장 많은 돈을 버는 주체는 누구인가? 우버 기사들? 에어비앤비 집주인? 아닐 것이다. 물론 그들도 어느 정도의 수입을 올리겠지만 그 돈을 전부 합해봐야 우버 본사나 에어비앤비 본사 수익에 비하면 '새 발의 피' 수준도 안 된다. 우버의 경우 창립 7년 만에 기업 가치가 한화로 70조 원을 넘어서 1백 년 자동차 제조역사를 지닌 포드나 GM을 추월한 것으로 알려졌다. 그러나 우버 기사들의 월평균 운행 수입은 2017년 기준으로 88만 원 정도(783달러, JP모건체이스 조사 결과)에 불과했다. 이른바 '88만 원 세대'의 그 88만 원과 공교롭게도 얼추 맞아떨어지는 금액이다.

결국 재화의 공유를 기치로 내세운 신사업들이 벌어들인 수익까지도 제대로 공유하는지를 따져보면 고개를 갸웃할 수밖에 없다. 본사가 막대한 수익을 올릴 수 있게 해주는 기초 자산들은 결코 그 회사에서 나온 것이 아니다. 본사들은 그저 '중개망'을 운용했을 뿐, 사업 밑천은 철저히 우버 기사나 에어비앤비 집주인들이 제공했다. 그럼에도 결국 본사가 천문학적인 수익을 가져가고, 현장에서 재화나 노동력을 투입한 사람들은 극히 일부 수익만 나눠 갖는다. 그게 공유 산업의 근본구조다.

이 같은 수익 공유 불균형의 문제는 사실 일반 기업들도 마찬가지다. 특히 대기업이 그렇다. 소비자들로부터 거두어들이는 수익은 막대한데, 그걸 얼마 만큼 사회와 공유하는지를 따져보면 다소 씁쓸한 뒷맛이 남는다. 근래 들어 각 기업마다 앞다투어 사회공헌 사업을 벌이고 있고, 그 금액도 증가 추세지만 '자산 대비' 혹은 '수익 대비'로 따져보면 여전히 미미하다. 언 발에 오줌 누기 수준이다. 2018년 11월에 발표된 전국경제인연합회의 「지속가능경영보고서」를 보면, 198개 회원사의 전년도 사회공헌 지출액은 2조 7,243억 원이었다. 얼핏 봐선 입이 떡 벌어질 만한 액수이긴 하다. 하지만 그들 기업의 전체 매출액에 대비해보면 0.18퍼센트에 불과하다. 1억 원을 벌었으면 그 가운데 18만 원을 사회공헌에 썼다는 이야기다. '번 돈' 1억 원 말고도 유보금과 부동산 등 '쌓여 있는' 여유자산이 수십 수백 배 규모라면 이야기는 더 달라진다. 수십 수백억 부자가 18만 원을 기부했다는 데 박수를 보내기는 힘든 노릇이다.

이른바 '개미' 출신으로 투자에 성공해 한국 주식시장에서 대표적인 '슈퍼개미'로 불리는 박영옥 스마트인컴 대표는 2019년 「주간동아」와 한 인터뷰에서 지금을 '기업만 성장하는 시대'라 명명하였다.

"좋든 싫든 우리는 지금 기업만 성장하고 발전하는 시대에 살고 있다. 기업 성과를 공유하지 않고서는 개인이 경제적으로 자유로울 수 있는 방법이 없다."

다들 어렵다, 어렵다 해도 주말이면 전국의 호텔과 리조트, 복합 쇼핑몰들은 발 디딜 틈 없이 북적인다. 내부 영업장마다 성황이다. 식당, 극장, 의류매장 할 것 없이 그렇다. 수익은 다 어디로 갈까?

호텔이나 리조트는 말할 것도 없고 쇼핑몰을 채운 각양각색의 가게들도 결국은 상당수가 대기업 소유다. 또는 적어도 수수료가 대기업으로 들어가는 업소들이다. 점포 임대료도 마찬가지다. 건물을 지어서 운영하는 대기업 몫이다. 그런 매장들마다 '대기 번호표'를 뽑아야 할 만큼 손님들로 문전성시를 이루니, 그 수익은 결국 기업들의 곳간을 두둑하게 만들어준다. 기업이 호황이면 물론 좋은 일이다. 경기가 살고 나라 경제 규모도 성장한다. 그런데 문제는 기업들'만' 호황일 때 발생한다.

쇼핑몰, 리조트가 북새통을 이루는 사이 거리의 일반 가게, 일반 음식점 들은 줄줄이 문을 닫고 있다. 과장된 이야기가 아니다. 식사 시간에도 사람의 발길이 끊긴 식당이나 도심에 빈 상가 점포들을 보라. 같은 시간대 인파로 붐비는 쇼핑몰과는 완전 딴판이다. 서민 상권이 아무리 불경기라고 호소해도 대형유통매장들은 별천지다. 줄을 서지 않고서는 밥 한끼 사 먹기도 힘들다. 소비의 '파이'라는 게 무한하지가 않다. 한쪽으로 쏠리면 다른 한쪽은 그만큼 비게 되어 있다.

결국 오늘날 돈의 흐름은 '기업들 위주'로 집중되고 있다. 박영옥 대표의 말처럼 '기업들만' 성장하는 시대다. 서민들은 같은 처지의 서민들이 운영하는 업장을 예전만큼 찾지 않는다. 일부러 피하는 게 아니라 아무래도 근사하고 편리한 곳으로 눈길, 발길이 가기 때문이다. 화려한 조명과 인테리어, 최신 유행 상품들로 도배한 기업 직영 매장들을 동네 가게들이 당해낼 재간이 없다. 결과적으로 대중의 주머니에서 나오는 돈은 사방팔방 원활히 흐르지 않고 한쪽으로 쏠리고 있다. 기업들, 특히 대기업들에게로 말이다.

물론 거대 자본가들이 거둬가는 수익이 어디로 공중분해되는 것은 아니다. 재투자에 쓰이기도 하고 직원들의 임금으로 지불되기도 한다. 새로운 고용도 창출하고 경기도 부양시킨다. 그러나 그것 말고도 상당 금액이 남는다. 주주들 몫으로도 일부 돌아가겠지만 대부분은 오너 일가에게 가거나 사내 유보금으로 쌓인다. 골목에서 망해가는 영세 상인들에게 공유될 몫은 없다. 개인에게 경제적 자유란 꿈꾸기 힘든 신기루가 되어가고 있다.

벌어들인 돈을 잘 공유하지 않는다고 기업이나 재벌을 무턱대고 비난할 수는 없다. 돈이야 번 사람 마음대로 쓰는 게 자본주의의 원칙이다. 그런데 한국 기업들이 좀 인색하기는 하다. 우리나라 재벌들이 다소 이기적(혹은 개인적)인 측면이 있는 건 맞다. 이런 말을 하는 이유는, 외국에 '그렇지 않은' 사례들이 많기 때문이다. 번 돈을 사회와 공유하는 규모가 상상초월이다. 빌 게이츠나 워런 버핏이 대표적이다. 매년 전 세계 기부 순위 '1, 2위' 자리를 사이좋게 나눠 차지한다. 액수가 보통 이십몇억 달러에 이른다. 이십몇억 '원'이 아니라 '달러'다. 우리 돈으로 환산하면 매년 '수조 원'씩을 기부하고 있다. 그러고도 남은 재산은 사후에 99퍼센트를 사회에 공헌하기로 이미 공언을 해놓았다. 이른바 '기부서약'이다. 자기 둘만 하는 게 아니라 다른 부자들까지 꾀어서 전 세계 20여 개국 2백 명 가까운 슈퍼리치들에게서 서약을 받아냈다. 총 자산의 절반 이상을 사회와 공유하겠다는 약속 말이다.

그뿐만이 아니다. 워런 버핏과 빌 게이츠는 자기들이 국가에 내는 세금이 너무 '적다고' 여간 불평이 아니다. '많다고'가 아니라 '적다고' 말이다. 세금을 더 내고 싶은데 정부가 도무지 거두어가질 않는다며 빨리 조세법을 바꾸라고 요구하기도 한다. "내 돈 내가 더 낼 테니 제발 좀 가져가라"는 희한한 아우성이다. 우리 기준으로는 희한한데 서구권에선 꼭 그렇지도 않다. 의외로 "내 돈 더 걷어가시오!"라고 외치는 슈퍼리치들이 많다. 버핏과 게이츠는 거기에 불을 지피는 역할을 맡았다. 자기 둘뿐만 아니라 다른 모든 부자들의 세금을 더 많이 걷어야 한다며 지속적으로 캠페인을 벌여왔다. 미국 차기 대선에서는 아마도 이 문제(슈퍼리치 중과세)가 핵심 쟁점 가운데 하나가 될 거란 전망도 있다. 우리나라 부자들은 어떤가? 굳이 더 설명하지 않겠다.

소득이 높아질수록 세금의 액수뿐 아니라 '세율' 자체가 높아지는 건 북유럽 복지국가에서는 이미 당연시되는 원칙이다. 부자들 누구도 거기에 불만을 제기하지 않는다. 응당 취해야 할 사회적 책무로 받아들인다. 지나치게 위로 쏠린 돈을 일정 부분 아래로도 흐르게끔 물길을 터주자는 데 사회의 공감대가 형성되어 있다. 그렇다고 무슨 사회주의나 공산주의 국가도 아니다. 철저한 자본주의, 민주주의 국가이면서도 '분배의 정의'를 순리로 받아들이는 것이다.

물론 제반여건이 똑같을 수는 없다. 미국의 기업 환경과 우리의 기업 환경이 동일할 리 없다. 유럽 부자들과 우리나라 부자들이 똑같은 수준의 '좋은 일'을 해야 한다고 몰아붙일 생각도 없다. 그러나 적어도 '숙연하게 새겨들을' 이야기이긴 하다. 스크루지 영감이 될 거냐, 기부천사가 될 거냐는 본인의 선택이다.

부유층이 잘못한다고 말하기 전에, 일단 국가 시스템이 허술한 측면도 있다. '합리적인 수준으로' 세금을 거둘 의지가 그다지 없어 보인다. 2019년 1월 19일자 SBS 8시뉴스를 보자. 부동산 문제와 세금 문제를 연결지어 분석했다. 보도에 따르면, 13년 동안 압구정동 현대아파트의 집값이 평균 12억 원 가까이 올랐는데, 그 기간 집주인들이 부담한 보유세는 매년 납부치를 합해도 집값 인상분의 5퍼센트가 채 되지 않는다고 한다. 안 내려고 안 낸 게 아니고, 조세제도 자체가 그 수준에 묶여 있기 때문이다.

무엇보다 세금의 기준이 되는 공시가격의 비현실성부터가 문제다. 2006년부터 2018년까지 서울 아파트 실거래 가격은 80퍼센트나 올랐는데 공시가격의 시세 반영률은 오히려 4퍼센트 낮아졌다. 뉴스는 이 문제를 지적하며 "부동산 집착이 꺾이지 않는 이면에 이처럼 왜곡된 세제가 자리 잡고 있다"고 일갈했다. 타당한 분석이다.

아파트뿐만이 아니다. 토지와 건물의 과세표준도 현실에 한참 못 미치는 경우가 대부분이다. 경제정의실천시민연합이 2018년 고가건물 공시가의 시세반영률을 분석해봤더니, 그 해 거래된 1천억 원 이상 빌딩들의 과세기준이 실거래가의 36퍼센트에 불과한 것으로 나타났다. 쉽게 말해서, 1천억 원짜리를 사고팔았는데 나라에서는 그 3분의 1 수준인 360억 원짜리로 감정한 뒤 그 수준의 세금만 부과했다는 이야기다. 국민감정으로 납득하기 어려운 대목이다.

물론 정부에만 문제가 있는 것은 아니다. 그동안 우리는 세금을 어떻게든 안 내려고 안간힘을 쓰는 부유층들을 질리도록 보아왔다. 가뜩이나 선진국에 비해 과세 기준점이 낮다는 지적이 많은데, 그마저도 안 내려고 별별 수단을 다 강구한다. 내지 않아도 될 돈을 더 내라는 것도 아니고 마땅히 내야 할 돈을 내라는 요구에도 주저주저하는 것이 상당수 부유층의 민낯이다. 그러니 사회공헌이라든가 공유 같은 담론들은 아직 '먼 이야기'에 가깝다 하겠다.

'돈은 돌라고 돈'이라고 하지 않았던가? 원활히 돌지 않는 돈의 흐름은 동맥경화와 같은 부작용을 일으킬 수 있다. 동맥경화가 신체 혈맥을 틀어막아 사람을 한순간에 쓰러뜨리듯이 '돈맥경화'는 사회 혈맥을 꽁꽁 틀어막아 공동체를 일거에 쓰러뜨릴지도 모른다. 돈이 제대로 돈다는 것은 과도한 편중 없이 분배가 적절하게 이뤄지는 것이다. 분배는 자발적인 것과 강제적인 것이 있는데, 자발적인 것은 기부나 환원일 것이고 강제적인 것은 바로 세금이다. 전자는 강요할 수 없고 강요해서도 안 되는 것이니 공동체의 합의로 만들어놓은 것이 후자다. 그러나 전자도 싫고 후자도 싫다는 부유층만 많아지면 돈의 맥은 결국 막힐 수밖에 없다. 그래서일까? 유한양행을 창업했고 기부와 납세 두 가지 모두 모범적으로 실천한 유일한 박사는 "(가진 자들이) 세금 내는 것을 아까워하는 나라는 망한다"는 말을 남기기도 했다. 우리는 흥망의 어느 기로에 서 있는 걸까?

〈골목식당〉에 나와야 골목에서 살아남아

돈이 좀처럼 돌지 않는 현상은 오피스타운 식당가만 가봐도 알 수 있다. 예전 같으면 넥타이 부대로 붐볐을 저녁 시간마저도 눈에 띄게 한산해진 것이 목격된다. 더는 고기 굽는 연기도, 취객들 수다도, 택시를 잡는 부산함도 보기 힘들어졌다. 연말 대목에도 파리만 날렸다는 가게들이 적지 않다. 그러다 보니 장사를 아예 접는 식당들도 속출하고 있다.

2018년 식당·주점의 판매액 지수는 9년 만에 가장 낮은 수준을 보였다(통계청 '서비스업동향조사' 결과). 그동안 증가 일로를 걸어왔던 이들 업종의 종사자 수 역시 9년 만에 처음으로 하락 반전했다. 서민들 지갑이 열리지 않고 있다는 반증이다. 서민들 지갑이 열리기를 기다렸던 건 상당수가 같은 처지의 서민 자영업자들이다. 서민에게서 서민에게로, 중산층에게서 중산층에게로, 돈이 원활히 돌지 않는다는 이야기다.

한데 특이한 것은, 그 기간 '전체 소비'는 오히려 증가했다는 사실이다. 통계청이 집계한 전체 소매판매액 지수는 2018년 한 해 동안 4퍼센트 넘게 상승해, 2011년 이후 최대 오름폭을 보였다. 식당과 주점은 안 된다는데, 그럼에도 전체 소비는 늘었다는 이야기다. 왜 이런 괴리가 생기는 것일까?

우선은 소비의 양극화 현상에서 그 답을 찾을 수 있다. 2018년 국내 주요 백화점들의 고가 수입품 매출은 전년보다 20퍼센트 가까이 증가했다(2019년 3월 2일 KBS 뉴스9 보도 '아주 싸거나 아예 비싸거나…소비 양극화 심화'). 수입차 판매량도 2018년 한 해 동안 26만 대를 넘어 역대 최고치를 경신했다. 비싸고 고급스러운 상품을 찾는 소비는 오히려 늘고 있다. 일단 소비의 원천이라 할 수 있는 소득부터 양극화 현상이 심화되고 있기 때문이다. 통계청에 따르면 2018년 4분기 소득 최하위층의 한 달 가처분소득은 98만 원대로 1년 전보다 19.5퍼센트나 줄었다. 반면 최상위층은 726만 원대로 같은 기간 8.6퍼센트 늘었다. 하위 계층은 소득이 줄었으니 소비도 줄이거나 더 싼 것만 찾게 되고, 상위층은 소득이 늘었으니 소비 또한 늘거나 더 비싼 것에 지갑을 열게 되었다. 그래서 서민이 많이 찾는 업종의 소비지수가 꺾였고, 그 와중에도 전체 소비는 증가했다는 통계가 나온다. 또 하나 주목할 점은, 돈을 쓰는 패러다임이 바뀌고 있다는 사실이다. 중산층이나 서민들이라고 돈을 아예 안 쓰는 것이 아닐 텐데, 다만 쓰는 방식과 용처가 바뀌면서 돈의 흐름이 예전과 달라진 것이다.

일단 온라인 쇼핑이 많아졌다. 밖에 나가서 직접 매장을 방문해 물건을 사는 것보다 집에 앉아 인터넷으로 주문하는 게 보편화되었다. 온라인 쇼핑몰은 성업하고 택배 기업들도 번창하겠지만 동네 문방구, 구멍가게는 문을 닫을 수밖에 없는 이유다. 어쩌다 밖에 나가더라도 이웃들의 가게로는 발길이 잘 가지 않는다. 마트나 대형 쇼핑몰 업장을 찾는 일이 더 많아졌다. 앞서 '내 돈은 어디로 흘러가고 있을까?'에서 살펴보았던 현상과도 같은 맥락이다. 온라인 쇼핑이든 오프라인 유통매장이든 모두 기업의 영역이다. 친 서민 알뜰 쇼핑을 내세우는 다이소나 노브랜드 같은 매장마저도 기업들이 운영한다. 서민들이 저가 알뜰 소비를 추구한다해도 결국 돈을 쓰게 되는 곳은 '기업 손바닥 안'이라는 이야기다. 어떤 식으로든 대중의 소비가 골목 상권보다 기업들이 쳐놓은 그물 속으로 쏠리고 있음은 분명하다.

다른 요인 하나는 소비 가치관의 전환이다. 무엇보다 먹는 분야에서의 변화 양상이 두드러진다. 일단 회식과 접대가 사라졌다. 혼술, 혼밥이 늘었다. 그동안 사회관계를 위해 기꺼이 지불하던 돈과 시간을 이제는 아깝게 여기기 시작했다. 내 시간, 나만의 시간이 금쪽같이 귀한 대접을 받기 시작했다. '워라밸(일과 삶의 균형)'이라는 트렌드도 한몫했다. 일은 근무시간만으로 끝내고, 그 이후의 시간은 철저히 내 삶의 영역으로 몰아준다. 그래서 맛있는 걸 먹거나 술을 한잔하더라도 회사 사람들과 얽히기보다는 차라리 집으로 싸 들고 가 혼자 즐기기를 선호한다. 업무지구나 번화가의 식당 주점들이 잘 될 리 없는 이유다.

이렇게 평일 저녁에 아낀 돈을 주말에 나와 내 가족을 위해 집중적으로 쓴다. 영영 어디 쓰지 않는 게 아니라, 다른 곳에 쓰긴 쓴다는 이야기다. 그래서 리조트는 붐비고 쇼핑몰도 문전성시다. 외국으로 나가는 비행기 표도 점점 구하기가 어려워진다. 한 번에 몇백만 원씩 쓰는 해외여행에는 돈을 아끼지 않는다. 유명 맛집에도 기꺼이 줄을 선다. TV나 온라인에서 유명세를 탄 가게라면, 기름값 아끼지 않고 몸소 먼 길을 달려가 지갑을 연다. 그 순간의 만족감, 나와 내 소중한 사람들이 함께 나누는 행복감을 위해 얼마든 신용카드를 꺼내 든다.

이런 것이 새로운 소비 경향이다. 이원성이 핵심이다. 평일 저녁 사무실 밀집지구의 식당가는 파리만 날린다고 울상이지만, 주말 오후 관광지 식당들은 번호표를 나눠주며 손님을 받는다. 관광지 안에서도 또 '되는 식당'만 된다. 일단 한번 소문을 타야 사람들이 왕창 몰리고, 그 집 주변의 다른 식당들은 그만큼 발걸음이 줄어든다. 단 한 끼를 먹더라도 인터넷을 뒤지고 SNS를 찾아서 검증된 맛집이라고 확신이 드는 곳에 내비게이션 좌표를 찍는다. 예전엔 '식당이 다 거기서 거기지' 이런 생각도 있었지만, 옛말이 된 지 오래다. 더 이상 '거기가 거기'라고 받아들이지 않는다.

놀러 가서 아무 데나 보이는 대로 들어가 먹자는 사람은 이제 찾아보기 힘들어졌다. 단돈 만 원을 써도 '소확행(소소하고 확실한 행복)'에 모든 걸 거는 시대다. '가심비(가격 대비 마음의 만족)'라는 말도 그래서 나왔다. 내 마음에 확실한 만족을 주는 곳에 돈을 쓰겠다는 이야기다. 예전엔 '가성비(가격 대비 성능과 품질)'를 중시했는데 이제는 성능보다 마음의 만족이 우선이다. 성능은 객관의 영역에 가깝지만, 마음은 철저히 주관이다. 내 주관대로 돈을 쓴다. '가성비'란 말은 사실 성능보다 가격에 방점을 둔 표현이었다. 어떻게든 '싼 가격에 괜찮은 품질을 추구한다'는 뜻이다. 그러나 가심비는 가격보다 마음에 방점이 찍힌다. 가격이야 어떻든 내 마음에 들면 돈을 쓰겠다는 것이다. 그래서 돈가스를 하나 사먹더라도, 사진 찍어 인스타그램에 올릴 만한 '그림 되는 곳'을 찾아간다. 그 '배경' 값으로 돈가스는 다른 집보다 조금 비싸겠지만 그래도 상관없다. 그 집에서 '인싸' 사진 한 장만 건질 수 있다면 그 정도 돈은 얼마든지 더 쓸 수 있다. 가성비의 관점에서 본다면 부적절한 선택이다. 성능(돈가스 자체의 맛) 대비 가격 조건이 좋지 않기 때문이다. 그러나 가심비로 따지면 이야기가 확 달라진다. 예쁘고 개성 있는 식기 위에 올려진 돈가스 그리고 테이블 뒤로 펼쳐지는 '핑크핑크한' 인테리어, 그거면 된다.

지금까지 살펴본 현상들은 결국 '자기애'의 확장과도 관련이 있다. 경쟁과 사회생활에 지친 사람들이 오롯이 홀로 있는 시간을 중시하면서 '혼밥, 혼술'이 늘었고, 스스로 위로하는 방편으로 가심비를 추구하게 되었다. 사람 관계에 물린 사람들은 '검증된 내 사람' 즉, 가족, 친구, 연인 등에게 돈을 쓰는 일에만 선뜻 지갑을 열게 되었다. 뚜렷한 소비 패턴의 변화다.

그래서 일반적인 장사는 점점 어려워질 것이다. 평범한 사람들의 평범한 장사는 갈수록 빛을 보기 힘들게 된다. 더 이상 인정人情으로 동네 밥집, 빵집을 찾아주는 시대가 아니다. 그 인정을 바라고 퇴직금을 털어 넣었던 은퇴 세대는 속속 어려움에 처하고 있다. 그저 착하게 살면서 장사에 정성을 다하다 보면 언젠가 보상받을 거라는 희망이 점점 효력을 잃어가고 있다. 비슷한 처지끼리 서로 돕고 살던 공동체 상권은 '나 중심주의'에 밀려 빠른 속도로 쇠퇴하고 있다. 골목 식당들은 TV프로그램 〈골목식당〉에 나가지 않는 한, 더 이상 그 골목에서 살아남을 길이 없어졌다. 대기업 실적은 걸핏하면 사상 최대치를 갈아치우고 쇼핑몰은 문만 열었다 하면 대박을 치는 현실 이면에 이런 그늘이 숨어 있다. 우리 이웃들이 그 그늘 아래 잔뜩 웅크리고 있다.

개만 한 사람,
사람만 한 개를 찾습니다

시쳇말 가운데 '개만도 못한 사람'이라는 표현이 있는데 사실 '개만 한 사람' 찾기도 쉽지가 않다. 사람이 개보다 못하다는 게 아니고, 개가 그만큼 특별한 무언가를 가지고 있다는 이야기다. '개만 한 사람'이란 곧 개만큼 정 넘치고 개만큼 순수하고 개만큼 의리 있는 사람을 말한다. 주위를 찬찬히 둘러보라, 그런 사람이 내 곁에 많은가. 많다는 확신이 들면 그건 상당히 성공한 삶이다. 남부러울 것 없는 인생이라 하겠다. 그러나 실제로는 흔치 않은 경우다. 예컨대 반려견처럼 절대 배신하지 않고 절대 뒤통수치지 않고 어떤 경우에도 불멸의 지지와 온기를 보내는 사람을 가족 말고도 여럿 두기란 쉽지 않은 일이다. 변치 않는 의리와 기복 없는 사랑이란 게 사람 대 사람 관계에서 그리 흔하게 기대할 수 있는 건 아니다. 평소 엄청난 덕을 쌓지 않은 이상 누리기 힘든 경지다. 가뜩이나 세상이 각박해지고 이웃 간 정이 실종된 이 시대에 '개만 한 사람'을 얻는다는 것, 결코 쉽게 볼 일이 아니다.

그래서인지 반려동물과 함께 사는 인구는 날로 늘고 있다. 가족 없이 혼자 지내던 사람, 가족이 있더라도 '없느니만 못한' 사람, 가족과도 행복하지만 더 따뜻한 존재를 원하는 사람…… 온기를 필요로 하는 사람들이 동물을 반려 대상으로 택하고 있다. 반려동물과 함께 사는 국내 가구의 비율이 30퍼센트에 이른다고 추산된다. 세 집 중 한 집꼴이다.

미국은 우리보다 더해 보인다. 세 집이 아니라 두 집 가운데 한 집꼴로 개를 키우는 것 같다. 내 경험에서 나온 어림짐작이다. 회사를 휴직하고 미국에서 1년간 지낸 적이 있는데 이웃들 가운데 개를 '키우지 않는' 집을 찾기가 더 어려웠다. 일단 그 나라는 반려동물을 위한 환경 자체가 우리보다 월등하다. 아파트보다 마당을 갖춘 집이 많고 사람 놀이터처럼 '개 놀이터**dog park**'가 따로 조성되어 있을 정도로 여건이 충분하다. 나는 노스캐롤라이나주의 한 시골 마을에서 지냈는데, 길에서 산책하는 사람들의 절반가량은 동물과 함께였다.

옆집 살던 미국인 아주머니도 그중 한 명이다. 남편과 사별했고 자식들도 멀리 떨어져 살았기 때문에 개가 유일한 가족이었다. 아주머니는 그 개를 동물보호센터에서 입양해왔다고 했다. 근육질에 매서운 체구를 가진 경주견 출신이었다. 경견업자들은 그 개를 돈벌이에 이용하다 늙어 기력이 쇠하자 내다 버렸다. 다행히 동물단체에 구조되어 보호센터에 머물고 있었고 거기서 아주머니를 만나게 된 것이다. 아주머니는 이따금 그 개를 동네 도그파크로 데려가 마음껏 달리게 해주었다. 경주견 출신인 그 개가 달리는 풍경은 장관이었다. 다른 개들을 압도하는 폭발적 스피드와 야생적 에너지가 보는 이들의 탄성을 자아냈다.

그러나 아주머니는 잘 모른다. 그녀가 출근하고 나면, 혼자 집에 남겨진 개가 얼마나 구슬프게 우는지, 아침나절 몇 시간을 쉬지 않고 사람 울듯 울어대는지. 벽 너머로도 그 절절한 외로움과 설움 같은 게 느껴지고는 했다. 듣다 못한 나는 아주머니에게 그 사실을 넌지시 귀띔해주었다. 그러나 독신으로 직장생활을 하는 그녀에게 뾰족한 수는 없어 보였다. 그 개가 구체적으로 얼마나 심하게 우는지도 미처 체감치 못하는 분위기였다. 그래서 그 곡소리는 매일 반복되었다. 평일 오전 8시쯤이면 예외 없이 시작되었다. 아주머니가 출근한 직후부터 오전 내내 이어졌다. 오후쯤 되어 잦아드는 것은, 지쳤거나 포기했거나 둘 중 하나였을 것이다.

물론 아주머니가 퇴근한 이후에는 함께 산책도 하고 간식도 먹고 사랑을 듬뿍 받는다. 언제 울었냐는 듯 펄쩍펄쩍 뛰고 활기찬 모습이었다. 하지만 과연 그 행복이, 홀로 남겨졌을 때의 고통을 상쇄할 수 있었는지는 모르겠다. 사실, 고통을 상쇄하는 행복이란 없을지도 모른다. 고통은 고통이고 행복은 행복일 뿐. 상쇄는커녕 어쩌면 행복의 경험치가 고통의 체감도를 더 가중할 수도 있다. 사람도 그렇지 않은가. 행복을 알게 된 뒤 그걸 잃었을 때의 상실감이란……

어쨌든 그 개는 하루하루 상당 시간을 외롭게 보냈다. 물론 아주머니는 그 개로 인해 외로움을 덜 수 있었을 것이다. 주인이 퇴근하면 날 듯이 뛰어오르며 반기던 개였으니 말이다. 아주머니는 그 개를 데려온 이후로 더 이상 집에 '홀로 있는' 시간이 없었다. 그런 시간을 견뎌야 하는 건 순전히 개의 몫으로만 남았다. 외로움을 덜기 위해 반려를 택한 거라면, 아주머니는 일단 성공이다. 그렇지만 그 개는? 잘 모르겠다.

진정한 반려란 무엇인가? 진정한 동행이란 무엇인가? 어느 한쪽만 외롭지 않다고 성립되는 것은 아닐 터. 아무도 없는 집에 홀로 남겨진 개에게는 사실 어떠한 반려도 없지 않은가. 어쩌면 사람만을 위한 동행이고 반려는 아닌지, 회의적인 생각이 들 때도 있었다. 그 개가 아주머니 집으로 입양되지 않고 혹시라도 보호센터에 계속 머물렀더라면 어땠을까, 하는 괜한 상상도 해봤다. 시설도 좋고 친구들도 많은 보호센터 말이다.

미국의 동물보호시설들은 믿을 만했다. 직접 가보고 느꼈다. 인프라도 좋고 근무 인력도 풍부해 보였다. 우리나라는 좋지 않다는 이야기가 아니다. 다만 예산이라든가 지원책이라든가 여러 여건에서 비교가 되지 않는다.

국내에서 동물보호시설이 신뢰를 잃은 사건도 있었다. 2019년 초 불거진 일이다. 모 동물권 단체의 안락사 논란이 그것이다. 유기견들을 구조해 잘 돌보는 줄 알았던 단체가 사람들 모르게 안락사를 빈번하게 시키고 있었다. 책임지고 개들을 보호하겠다며 펀딩(후원금 모금)까지 했건만, 그 개들 상당수는 더 이상 '이 세상' 개가 아니었다. 운영자는 나름의 이유가 있었겠지만, 후원자들은 땅을 칠 노릇이었다.

이런 사건을 차치하고라도 기본적으로 '안락사' 사례가 너무 많다. 유기동물은 느는데 그들을 수용할 시설이나 제반여건이 따라주지 못하기 때문이다. 이 현실적 한계 속에서 결국 마지막에 맞게 되는 건 '강제 죽음'이라는 참담한 운명이다. 연간 구조되는 동물의 절반가량이 안락사당하는 걸로 알려져 있다. 사회적 비용도 비용이지만 무엇보다 살아 있는 생명에게 '못할 짓'이다.

이 같은 문제를 근본적으로 해결하려면 동물을 마구 버리는 행위 자체를 근절해야 한다. 보호 여건을 확충하는 건 돈이 드는 문제지만 유기 문제를 차단하는 건 꼭 그렇지 않다. 사람들의 인식 개선만으로도 얼마든지 해결할 수 있는 사안이다. 무엇보다 반려동물을 물건처럼 여기는 인식부터 사라져야 한다. 키우다 귀찮아졌다고 생명을 짐짝처럼 내다 버리는 행태가 늘고 있다. 길에서 만나는 유기견이나 길고양이들만 봐도 문제의 심각성을 짐작할 수 있다. 심지어 얼마 전에는 구입한 강아지를 환불해주지 않는다고 그 어린 강아지를 집어던져 죽게 한 사건도 있었다. 개를 환불

대상쯤으로 보는 시각 자체도 문제지만, 화가 난다고 물건 던지듯 내동댕이치는 모습은 그야말로 경악스러웠다.

반려동물을 물건 취급하기는 사육장들도 마찬가지다. 철장에 가둬놓고 기계적으로 번식을 시키는 이른바 '강아지공장'들이 공분을 사기도 했다. 영국 같은 나라는 그런 식의 상업적 생산 자체를 아예 법으로 금지하고 있다. 이른바 '루시 법'이다. '루시'라는 개가 강아지공장에서 구조된 걸 계기로 공론화를 통해 법이 만들어졌다. 북미 국가들은 상업적 매매를 금지하는 경우가 많다. 우리처럼 애완동물 가게에서 물건처럼 사고파는 게 아니라 보호센터 같은 데서 입양하는 방식이 대부분이다.

지금 대한민국은 이런 법 제도와 문화는 갖추어지지 않은 상태에서 반려인구만 폭발적으로 늘고 있다. 문제의 심각성이 바로 거기에 있다. 여건이 뒷받침하지 않는데 수요만 급증한 셈이다. 그러다 보니 충동적으로 반려동물을 구입하고는 병이 들거나 귀찮아지면 내다 버리거나 학대 혹은 방치하는 일이 빈발하고 있다. '애완'에서 '반려'로 용어 하나만 바뀌었다고 해서 인식이나 문화 자체가 성숙해지는 건 아니다. 애완이든 반려든 생명을 물건으로 여기는 의식 자체가 최우선 해결 과제다. 사람만 동물을 선택할 권리가 있는 게 아니라 동물도 자격 있는 주인을 만나 행복하게 살 권리가 있다.

미국에서 지낼 때 종종 거리의 노숙자들이 유기견을 보살피는 풍경을 보았다. 그것도 아주 애틋한 정성으로 말이다(노숙자라고 해서 거친 사람만 있는 건 아니다). 비록 행색은 보잘것없고 편히 잘 곳, 배불리 먹을 것도 없는 사람들이지만 거리에 떠도는 개와 일종의 결연을 맺고 온 마음을 다해 돌보고 있었다. 구걸 팻말에도 "이 개와 제가 '함께' 먹을 음식이 필요합니다"라고 써놓았다. 지나가던 행인들이 그걸 보고 빵 같은 걸 건네면 그 즉시 반으로 쪼개어 개와 나눠 먹고는 했다. 말 그대로 '콩 한 쪽도 나눠 먹는' 풍경이었다. '개를 내세워 동냥한 것 아니냐?' 이렇게 볼 수도 있겠지만, 그건 너무 메마른 생각 아닐까. 나는 그렇게 생각하고 싶지 않다. 그게 맞다 한들 무슨 상관인가? 중요한 건 그 개와 노숙자가 외롭지 않게 서로의 곁을 지키고 있다는 사실이다. 비록 차림은 남루하고 거처는 초라했지만 노숙자와 강아지가 마주보는 눈빛은 충만했다. 어떤 '사람 가족'보다도 따뜻한 사랑이 엿보였다. 그곳에서 눈물겹도록 아름답고 완벽한 '반려'를 보았다.

나는
오프라인이
싫어요!

지금은 바야흐로 비대면의 시대다. '사람 대 사람'이 아니라 '사람 대 서비스(시스템)'의 구도가 사회 전반으로 확산되었다. 생활 가까운 곳에서 수시로 접하는 사례들이다. 무인 요금정산소가 설치된 주차장, 자동주문기를 가동하는 패스트푸드점, 하다못해 요즘은 동네 라면집에도 자동주문기 키오스크가 등장하였다. 2019년 들어 롯데리아, 맥도날드, 버거킹 등 3대 패스트푸드점의 키오스크 도입률은 이미 60퍼센트 수준에 이르렀다고 알려졌다. 외국에서는 대형마트 가운데 계산원들이 아예 없는 점포가 등장하기 시작했다. 국내 마트들 역시 일부 계산대 라인을 점원이 없는 셀프 방식으로 운영하고 있다. 무인 편의점이 등장할 날도 머지않아 보인다. 앞으로 인공지능 AI와 로봇, 사물인터넷 기술 등이 발전하면 그것들과 접목되어 비대면 무인 시스템은 더 빠른 속도로 확산될 것이다. 미국에서는 이미 무인 로봇 택시가 시범 운행되고 있다. 택배 배송은 드론이 담당하기 시작했다. 하나같이 공통점은 '사람이 사라진다'는 것이다.

트렌드 분석 전문가들은 이를 '언택트**Un+tact**'라는 키워드로도 설명한다. 사람과의 접촉이 사라진 무인 서비스의 확산을 일컫는 말이자, 무인 서비스를 유인 서비스보다 더 '편안하게 여기는' 경향성에 관한 설명이기도 하다. 이 같은 현상이 확산되는 데는 분명 그럴만한 이유가 있을 것이다. 편리성이라든가 효율성의 측면에서 장점이 많기 때문이다. 어떤 새로운 트렌드가 시대의 흐름을 타고 부상하는 데는, 당대 사람들이 그걸 필요로 하는 분명한 이유가 존재하기 마련이다.

그런데 이 비대면 시스템이라는 게, 어쩌면 사람 대 사람의 관계, 즉 인간관계의 본질을 근본부터 뒤흔들 수 있다는 데 문제가 있다. 비대면 방식에 너무 익숙해지면 사람이 사람을 직접 대하는 일이 오히려 불편해질지도 모른다.

근래 젊은 세대는 이미 자발적 비대면을 선택하기 시작했다. 만나서 얼굴을 맞대고 이야기하는 것보다 SNS라는 온라인 창구가 이래저래 더 편하다는 사람들이 적지 않다. 그렇게 온라인 소통에만 익숙해지면 오프라인 소통을 조금씩 불편한 일로 여기게 될 수도 있다. 요즘은 대화 방식만 해도, 직접 만나서 이야기하거나 전화를 걸어 육성을 주고받는 것보다 '카톡' 같은 메신저 교류를 선호하는 사람들이 더 많다. 심지어 만남이나 통화 자체가 "싫어졌다"는 사람도 주변에서 어렵지 않게 볼 수 있다. 자신의 메신저 프로필에 아래 같은 문구를 걸어놓는 것도 더 이상 특별하지 않다.

"전화 잘 안 받습니다. 하실 말씀 있으면 카톡으로."

비대면 서비스의 확산으로 사람의 일자리가 줄 거라든지 노인들의 디지털 소외 현상이 심화될 거라든지, 다른 여러 우려의 목소리들도 많지만, 개인적으로 가장 걱정되는 것은 바로 '대면 기피' 현상이다. 사람이 사람 만나는 일을 불편하게 여기는 기류 말이다. 이것이 확산되면 무엇보다 서로에 대한 무관심이 고착될 수 있다. 이웃이나 가족 간에도 서로의 근황이나 생활 처지에 관심을 두지 않는 방임 현상이 나타날 수 있다. 요즘은 집 안에서도 각자의 방에서 나오지 않고 가족끼리 카톡으로 대화한다는 사람들이 많지 않은가. 이미 그걸 더 편한 대화 방식으로 여기는 사람들이 늘고 있다는 이야기다. 그러다 보면 결국 서로 얼굴을 맞대고 형편을 살피는 일에는 무관심해질 수밖에 없다.

무관심은 가장 무서운 사회질환 가운데 하나다. 때로는 사람이 죽고 사는 일에도 연관되는 문제다. 2019년 초 서울의 한 다세대주택 반지하 월세방에서 80대 노모와 50대 딸이 숨진 채 발

견되었다. 사인은 질식사로 추정되었다. 모녀는 거기서 15년을 살았다는데 이웃들은 그들의 존재 자체도 잘 몰랐다. 노모는 치매를 앓고 있었고 딸은 대인기피증이 있었다. 그들은 사람들과 대면하지 않고 살고 있었다. 관할 보건소가 검진안내문 같은 걸 보내기도 했다지만 집으로 직접 찾아가 처지를 살핀 사람은 없었다. 이웃도 마찬가지였다. 요즘은 아파트 같은 층 옆집에 사는 사람이 누구인지도 모르는 시대 아닌가. 아무도 그 모녀에게 관심을 두지 않았다. 더구나 치매 어머니를 보살피느라 딸은 외부로 일을 나가지도 못했다. 그러다 보니 월세가 밀릴 정도로 생계가 궁핍해졌지만 기초생활수급자로 선정되지도 않았다. 복지 담당 공무원들 중에도 이 모녀를 직접 만난 사람이 없으니 형편을 누구도 알지 못했다. 완벽한 '복지 사각'이었다.

비슷한 일이 몇 해 전에도 있었다. 이른바 '송파 세 모녀 사건'이라 불렸다. 2014년 2월, 서울시 석촌동 지하방에서 엄마와 두 딸이 번개탄을 피워놓고 생을 마감했다. 극심한 가난 끝에 취한 극단적 선택이었다. 그들 역시 이웃과 차단된 고립생활을 해온 것으로 알려졌다. 사람들과의 접촉 없이 살다보니 마찬가지로 어떤 사회보장 혜택도 받지 못했다. 이웃이든 공무원이든 누구도 그 가족의 형편을 알지 못했다. 아이들 엄마는 마지막 집세와 공과금 몇십만 원 그리고 '죄송하다'고 적은 유서를 남긴 채 생을 마감했다.

그 사건 이후 '복지 사각'에 대한 문제 제기가 잇따랐고 같은 해 연말 이른바 '송파 세 모녀 법'이라 불리는 복지법 개정안들이 국회를 통과했다. 아무도 모르게 빈곤 속에 방치된 사람들을 찾아내어 지원하겠다는 법이다. 공무원이 주민들을 직접 찾아다니며 복지 수요를 발굴하는 이른바 '찾동 서비스'가 핵심이었다. 대면 확인을 통한 사회안전망 구축 작업이었다.

사람이 사람의 형편을 살피는 일에는 확실히 대면만 한 게 없다. 얼굴과 얼굴을 맞대고 이야기를 들어보는 것만큼 정확한 사정 파악 수단이 없다. 그런 일은 SNS 같은 걸로는 애당초 가능하지 않다. SNS에는 어차피 '진짜 삶'이 잘 드러나지 않는다. 보여주고 싶은 모습만 보여주는 게 '소셜 네트워크' 서비스망이다. 서로의 민낯은 오로지 대면만을 통해 확인 가능하다. 얼굴 대 얼굴, 그 오프라인 접촉만이 서로에 대한 진짜 관심과 소통을 가능케 하고 필요한 곳에 도움의 손길을 뻗게 해준다.

우리는 오래전부터 꼴 보기 싫은 사람을 향해 이런 말을 해왔다. "네 얼굴 안 보니 살 것 같다." 개인과 개인 간에는 농담이든 진담이든 얼마든 쓸 수 있는 말이지만, 그것이 사회적인 유행이나 현상, 어떤 트렌드처럼 확산되어선 안 될 것이다. 사회 전체적으로 불특정 다수를 향해 그런 경향성을 갖게 되면 얼굴 안 봐서 '사는' 게 아니라, 얼굴을 보이지 못해 '죽는' 사람들이 나오기 때문이다.

가뜩이나 세상은 빠르게 '비대면화'되고 있다. 서비스 측면으로 보면 여러모로 편리해지고 전과 비교할 수 없을 만큼 효율적이겠지만, 기회와 위기는 동전의 양면과 같다. 이 동전을 잘 사용하는 일은 우리에게 남겨진 과제다.

SNS는 인생 낭비인가

“거울아 거울아, 이 세상에서 누가 제일 예쁘니?” 백설공주에 나오는 마녀는 이렇게 물었지만, 현대인들 상당수는 거울 대신 SNS를 들여다보며 무의식적으로 이런 말을 되뇔지 모른다.

“인스타야 인스타야, 누가 제일 멋있니? 페북아 페북아, 누가 제일 똑똑하니?”

SNS는 우리 시대를 살아가는 사람들에게 어느덧 삶의 일부, 또는 삶 그 자체로 자리 잡았다. 아침에 눈을 뜨자마자 제일 먼저 SNS 계정부터 열어보는 사람들이 많다. 그렇게 하루하루의 생을 시작한다. SNS에 비치는 내가 곧 오늘의 나다. 인스타그램 사진 속에 내가 멋져 보이면 요즘 내 모습은 그런대로 봐줄 만한 것이고, 페이스북에 쓴 글이 지인들의 '좋아요'와 댓글을 불러 모으면 내 지적 상태도 그런대로 괜찮은 편이다. 팔로워가 왕창 늘어나면 자존감도 왕창 올라간다. 내가 더 가치 있고 내실 있는 사람이 된 기분이다. 실제로 꼭 그렇다는 것이 아니라 그 사람 자의식 속에서는 그렇게 느껴질 수 있다는 이야기다. 가끔 현실의 자아와 SNS 자아가 분리되어 있을 때도 있다. 현실은 꾀죄죄하고 온갖 번뇌로 괴롭더라도, 인스타그램 속 그는 화려한 음식과 멋진 사람들 앞에서 함박웃음을 짓고 있는 게 가능하다. 그게 SNS다.

요즘은 인간관계도 상당 부분 SNS를 중심으로 해서 진행된다. 중학생인 딸을 보면, 이미 친구 관계를 형성 · 유지하는 데 있어 SNS가 필수 수단으로 자리 잡았다는 걸 알 수 있다. 옛날처럼 만나서 수다 떠는 게 유일한 근황 파악의 수단이 아니다. 이제는 페이스북이나 인스타그램이 그 자리를 대체하였다. 만나서 교류하더라도 서로의 근황은 이미 페북이나 인스타를 통해 어느 정도 '클리어'한 상태다. 팔로우 · 언팔로우 기능이나 다이렉트메시지**DM** 같은 것들은 그 자체로 친구 간의 우정을 맺고 끊는 수단이 되기도 한다. 심지어 왕따를 만들거나 그걸 판별하는 방법으로도 SNS가 이용된다.

생활 영역에서의 비중이 높아지다 보니 중독 현상도 간혹 목격된다. 아이든 어른이든 마찬가지다. 하루에도 열몇 건, 많게는 수십 건씩 게시물을 올리고 일일이 반응을 확인해야 직성이 풀리는 사람이 있다. 어떤 사람 SNS를 보다 보면, '이러다 화장실 가는 것까지 중계할 셈인가?' 이런 생각이 들 때도 있다.

중독이 심해지면 현실 속 자아로부터 괴리가 큰 가짜 자아를 만들어내기도 한다. 사진을 '뽀샵'하고 남의 글귀를 슬쩍 '복붙'하는 건 그나마 귀여운 축이다. 팔로워나 '좋아요' 수를 늘리기 위해 온갖 엽기적인 행동, 자극적인 도구 들로 자신을 치장하기도 한다. SNS로 유명해진 한 20대가 얼마 전 클럽에서 벌인 일이 그랬다. 그는 평소에도 '돈 많은' 이미지로 인지도를 높여왔는데 더 센 무언가가 필요했나 보다. 클럽에 가서 '진짜 돈'을 뿌리는 퍼포먼스를 하다 구설에 오르고 매스컴도 탔다. 물론 그 매스컴이 '좋은 사례'로 그를 다루었을 리 없다. 댓글들도 흉흉했다. SNS로 흥한 자, SNS로 더 흥해보려 했던 건데 소기의 목적을 달성하지는 못한 것 같다.

이렇게만 보면 SNS가 역기능만 있는 거 같지만 꼭 그렇지는 않다. 어느 축구 감독은 SNS가 "인생의 낭비"라고 했다지만, 그것도 '케바케**Case by case**'다. 사람에 따라 맞는 말이기도 하고 틀린 말이기도 하다.

SNS에 얼마 만큼 노력과 시간을 투여하든 그건 일단 개인 취향의 문제다. 남들에게 민폐 끼치는 수준의 활동만 아니라면 본인이 무엇을 하든 남이 왈가왈부할 일은 아니다. 예쁜 모습, 멋진 행동 자랑하는 걸 두고 이러쿵저러쿵 욕하는 사람들도 있는데 그게 싫으면 안 보면 그만이다. 보면서 자꾸 뒷담화를 하는 것은 그 사람도 이미 중독되었단 이야기기도 하다. 간혹 SNS에 범죄에 가까운 게시물이나 분노 · 증오를 전파하는 게시물들도 올라오는데 그런 것보다야 '빛나는 내 삶' 자랑하는 게 백번 천번 낫다. 아무렴, 그게 낫다.

거기서 좀 더 전향적으로 나아가서, 남에게 감동이나 위로를 주는 게시물, 용기를 북돋아주는 게시물이라면 더더욱 좋다. 멋진 '인싸 사진' 열 장보다 그런 거 하나면 사람 가치가 수직상승한다. 혼자만 도취되는 가치가 아니기에 그런 건 '자타공인'의 가치가 된다. 얼마 전 강원도에서 큰 산불이 나자 많은 사람들이 성금을 기부하고 그걸 '인증샷'으로 찍어 SNS에 올렸다. 그런 식의 인증샷은 올려도 올려도 과할 게 없다는 게 나의 지론이다. 그 자체로 선한 영향력, 긍정의 전파 효과를 발휘하기 때문이다. 자발적으로 공공장소의 쓰레기를 치우고 그 전후 사진을 올려 동참을 호소하는 운동도 요즘 '핫'하다. '쓰레기'란 뜻의 영어 '트래쉬**Trash**'와 해시태그의 '태그**Tag**'를 합쳐 '트래쉬태그' 챌린지라고도 부른다. 재난재해 현장에서 시민들을 발 빠르게 대피시키고 도피 중인 범죄자를 검거하는 데도 SNS 공조 작전이 톡톡히 역할을 해낸다. SNS를 무작정 '인생 낭비'라고 일축하기에는 생각보다 순기능도 적지 않다.

물론 사회적 과제는 늘 따라붙는다. SNS를 통해 이른바 '가짜뉴스'가 활개 치는 현상은 해결이 시급한 문제 중 하나다. 지나치게 과시적인 게시물이 범람하면 형편이 어려운 사람들의 '소외 현상'이 심화될 수도 있다. 단어 자체에 '사회망(소셜네트워크)'이라는 말이 들어가 있듯이, SNS는 그 자체로 하나의 '사회'다. 사회란 배려와 존중, 정직과 소통 등의 가치가 작동해야 원활히 돌아간다. 그 반대편의 것들로만 넘쳐나지 않도록 서로가 세심히 살펴야 할 이유다.

SNS는 나아가 이 세계의 축약판이다. 더 이상 세계의 일부가 아니라 세계 그 자체다. 모든 것들이 그 안에 존재한다. 사랑과 증오, 기쁨과 분노, 부와 가난, 평화와 분쟁, 천사와 악마, 기회와 상실…… 인류를 둘러싼 거의 모든 것들이 들어 있다. SNS를 무작정 '쓸데없는 일'로 치부하기에는, 그것이 담아내는 세상의 범위가 너무 커졌다. 마음에 들지 않아도 살아야 할 세상이고, 마음에 들지 않아도 껴안고 가야 할 '사회관계망서비스'다. 그 속에서 무엇을 할지는 본인 선택이다. 선택의 성패는 본인의 지혜에 달려 있다. SNS로 자기 가치를 높여 대박을 치는 사람도 있을 것이요, SNS로 사기를 당해 쪽박을 차는 사람도 있을 것이다. 결국 본인 손에 달린 문제다. 스스로 얼마나 중심을 잡고 활용하느냐가 그 사람 손에 들린 SNS의 가치를 규정한다.

허세의 대가는 질투 아니면 멸시

유럽이나 미국 등 서구 나라들을 여행하다 보면 우리와 사뭇 다른 풍경을 만나게 되는데 그중 하나가 명품을 들고 다니는 사람이 생각보다 많지 않다는 것이다(명품 종주국인 이탈리아 정도는 예외로 해두자). 특히 미국이나 캐나다 쪽은 실용성을 추구하는 경향이 강해서 그런지 고가 브랜드를 들고 다니는 여성을 거의 찾아보기 어렵다. 특히 20대 젊은 층은 그저 간편하게 '백 팩' 정도를 메고 다닌다. 그걸 아무도 초라하게 보지 않고 당연히 스스로도 그렇게 여기지 않는 분위기다.

지난겨울 퇴근길에 직장인들로 붐비는 지하철을 탔다가 새삼 놀라고 말았다. 객차 안에 꽉 들어찬 여성 승객 가운데 상당수가 명품백을 들고 있었다. 무슨 명품이 이렇게나 많을까 싶을 정도였다. 고급 모피 코트를 입었든 캐주얼 패딩 점퍼를 입었든 어깨에는 대부분 명품을 메고 있었다.

물론 10만 원짜리를 사든 1백만 원짜리를 사든 1천만 원짜리를 사든, 모두 각자의 자유롭고 정당한 소비다. 금전적 여유만 된다면야 저마다 취향과 기호에 맞게 고가 브랜드 제품을 사든 말든 문제될 것이 없다. 하지만 너무 '무리해서' 그런 것에 매달린다면 개인적으로나 사회적으로나 부작용이 생길 수 있다. 가진 돈이 그만큼 안 되는데 남들에게 보여주기 위해 굳이 명품을 사야겠다면 그때는 할 수 있는 방법이 빚을 내는 일밖에 없다. 더 극단적으로 가면 범죄까지 저지를 수 있다. 경찰이 내는 범죄사건 보도자료를 보면 상당수 사례에 이런 설명이 있다. "본 사건 피의자는 명품을 사기 위해 범행을 도모했다고 진술했으며……"

굳이 범죄까지는 아니더라도, 가지고 싶은 명품을 마음대로 사고 싶어서 유흥업소 같은 데서 일한다는 사연도 언론에 단골로 등장하는 소재다. 어떤 수단을 동원하든, 여건이 안 되는데 무리해서 추구한다면 결국 밖으로 내비치는 모습은 허세일 뿐이다.

여성들이 주로 몸에 걸치는 걸 과시의 수단으로 삼는다면, 남성들은 몰고 다니는 차로 허세를 부리는 경우가 많다. 요즘 주위를 보면 집은 원룸 월세에 살면서도 차는 BMW, 벤츠를 끄는 경우가 제법 있다. 월세 내는 것도 빠듯할 텐데 무슨 돈으로 그런 차를 굴리는지 물어보면 결국 또 빚 이야기다. 마이너스 통장 대출을 받아 샀다는 사람도 있고 장기 렌트나 리스, 할부로 장만했다는 사람도 있다. 뭐든 결국은 다 자기 빚이다. 물론 취향의 문제이긴 하다. 어디에 살든, 얼마를 벌든, 차 만큼은 좋은 걸 타고 싶은 취향일 수 있고, 그걸 일방적으로 무시할 순 없다. 다만 월소득이 150만 원인데 매달 차량 리스로 160만 원을 내야 한다면 이야기가 좀 달라진다.

이런 현상은 사실 한국이 좀 유난스러운 측면이 있다. 가까운 중국도 비슷한 데가 있는데 공통점은 뭔가 '보여주는 것'을 중시한다는 점이다. 미국만 봐도 '어떻게 저런 차가 아직 굴러다니지?' 싶을 정도로 낡은 차들을 사람들이 당당하게 몰고 다닌다. 그런 차에서 내린다고 무시하는 사람도 없고, 차로 사람을 평가하는 경우도 드물다. 가방이든 시계든 마찬가지다. 좋은 걸 가졌으면 '저 사람은 돈이 많나 보네, 뭐.' 그 정도까지는 생각할 수 있겠지만 그 자체만으로 사람을 고귀하게 본다거나, 혹은 반대로 그런 게 없다고 사람을 시원찮게 본다거나 하는 편견이 없다. 오히려 비싼 걸 지나치게 많이 두르고 다니는 사람을 보면 약간 이상하게 보는 시각마저 있다.

외국 아울렛에서 명품 쇼핑백을 양손 가득 주렁주렁 들고 다니는 사람들은 대부분 중국인 아니면 한국인이다. 아예 아울렛에 도착하자마자 대형 트렁크부터 사서 거기에 온갖 상품을 쓸어 담는 경우도 볼 수 있다. 이를 본 현지인들은 간혹 '썩소' 같은 걸 보내는데, 같은 동양인으로서 얼굴이 화끈거린다. 프랑스 파리의 명품매장 앞에 줄을 선 사람도 상당수가 중국인 아니면 한국인이다.

매장 안에서는 당연히 VIP 대우를 해주겠지만 밖에서 보는 현지인들이 속으로 어떤 생각을 할지는 모를 일이다.

물론 남이 어떻게 보든 나만 만족하면 되는 것도 사실이다. 돈 있는 사람이 아울렛에서 트렁크에 물건을 쓸어 담든 아울렛 전체를 사들이든 그건 본인 자유다. 다만 앞서 말했듯이 여건이 충분치 않은데 남에게 보여주려고 무리를 한다거나 지나치게 과시욕을 앞세운다면, 결국은 어떤 '티'가 나게 된다. 내실 없는 허세의 티 말이다. 그 티의 대가는 '비참' 아니면 '쓸쓸'이다.

미치 앨봄이 쓴 책 『모리와 함께한 화요일』을 보면 주인공 모리가 시한부 생을 마감하며 그런 메시지를 던진다. '높은 곳을 향해 뽐내려 들면 멸시를 당할 것이요, 낮은 곳을 향해 뽐내려 들면 질투를 부를 거'라고. 기막힌 일침이다. 어느 쪽이든 결국은 본인 손해다. 멸시를 당하든 질투를 받든 양쪽 다 사는 게 고달파질 수 있다. 자존감을 높이겠다고 허세를 부렸는데 돌아오는 결과가 멸시라면 오히려 정반대 효과만 얻게 된다. 자존감은 철저히 더 무너질 것이다. 관심을 얻겠다고 허세를 부렸는데 돌아오는 결과가 질투라면 되레 '적'만 더 늘게 된다. 사람들은 갈수록 무관심으로 돌아설 것이다. 전자라면 비참해질 테고 후자라면 쓸쓸해질 것이다. 그야말로 우열을 가리기가 힘든 악수惡手가 아닐 수 없다.

저한테 지금 양보하는 거예요? 황당하게?

양보란 기본적으로 이타심의 발현이지만 그렇다고 거창한 것도 아니다. 일상생활에서 얼마든 실천할 수 있는 덕목이다. 소소하긴 하지만 인간을 동물과 구별하는 중요한 소양이기도 하다. 남을 위해 내 욕구를 조금 참아내겠다는 이성의 작용이 깔려 있기 때문이다. 무엇보다 양보는 이 각박하고 빡빡한 세상에서 윤활제 역할을 한다. 충돌하는 욕심들로 삐걱대는 사회가 부드럽게 돌아갈 수 있도록 곳곳에 기름칠을 해준다.

이 양보를 기가 막히게 잘 실천하는 나라가 있다. 바로 미국이다(물론 그 나라 '안에서' 말이다. 나라 대 나라의 관계에서도 미국이 양보를 잘하는지에 대해서는 단언하기 어렵다). 1년간 회사를 휴직하고 미국에서 지낸 적이 있다. 그때 일상생활 전반에서 미국 사람들이 양보를 정말 '철저히' 실천한다는 걸 알게 되었다. 마치 몸에 밴 듯했다. 사람 몸이 양보를 파는 자판기라면 그야말로 버튼만 눌러도 자동으로 튀어나올 정도였다.

가장 대표적인 것이 교통 문화다. 그들은 양보를 선택의 영역이 아니라 아예 의무의 영역에 가져다 놓았다. 길을 건너는 보행자를 보면 그곳이 횡단보도든 아니든 차량들은 무조건 멈춰 선다. 그것도 최대한 안전거리를 두고 멀찌감치 말이다. 물론 교통 법규에 명시되어 있기도 하지만, 법으로 단속해도 잘 안 지키는 우리와 비교해보면 '습관의 힘'이라고밖에 볼 수 없다.

우리는 어떤가? 횡단보도에 파란불이 켜져 사람들이 건너는 도중에도 무시하고 막 밀고 나가는 차들이 적지 않다. 행여나 건널목 없는 곳에서 횡단하는 사람을 목격하기라도 하면 가차 없이 경적을 울려대며 위협한다. 주차장처럼 차도, 인도의 경계가 불분명한 곳의 경우, 으레 눈치를 봐야 하는 건 보행자다. 부끄러운 이야기지만 한국의 이런 교통 문화에 익숙했던 나 역시, 처음 미국에 갔을 때는 '옛날 버릇'이 자꾸 튀어나와 애를 먹었다. 예컨대 마트 주차장에서 빈 자리를 찾으려고 빙빙 돌 때, 그 '자리 찾는' 일에만 신경 쓰느라 보행자들은 안중에 없을 때가 많았다. '뭐 알아서들 피해가겠지' 이런 안일한 생각도 깔려 있었다.

미국에서는 먼발치에 사람이 보이면 무조건 제동을 걸어 완전히 지나갈 때까지 기다려야 하는데, 그런 문화에 익숙지 않아 한국서 하던 버릇대로 계속 주행 페달을 밟고는 했다. 그러다 깐

깐한 미국 할머니, 할아버지라도 만나면 가차 없이 잔소리를 들어야 했다(사실은 잔소리가 아니라 온당한 지적일 뿐). 그런 경험이 거듭 쌓이고 망신도 몇 번 당하고 나서야 비로소 양보 습관이 몸에 배기 시작했다. 습관이란 뒤늦게 만들려면 더 어려운 것이다.

원형 교차로도 마찬가지다. 미국 운전자들은 자기보다 1초라도 먼저 교차로에 바퀴를 갖다 댄 차에 철저히 양보를 한다. 그 차들이 내가 선 곳을 완전히 지나갈 때까지 계속 멈춘 채로 기다린다. 적당히 눈치 보면서 스멀스멀 기어나가는 일은 없다. 저 멀리 180도 반대편에서 진입했기 때문에 거리 여유가 충분히 있더라도 서둘러 바퀴를 들이밀지 않는다. 1년 동안 누구 하나 어기는 걸 보지 못했다.

일반 교차로도 다를 바 없다. 신호가 없는 사거리에서도 일단 모든 차들이 멈춰 설 준비를 하며 '누가 나보다 먼저 도착하는지'를 살핀다. 그렇게 해서 찰나라도 먼저 도착하는 차에 철저히 진입 우선권을 준다. 서로 먼저 들어가겠다고 범퍼를 내미는 일은 있을 수 없다. 반드시 양보한다. 우리는 신호가 있는 사거리에서도 먼저 진입하겠다고 신호를 어기는 일이 있지 않은가? 미국에선 상상도 할 수 없는 일이다.

재미있는 일은 귀국 후에 일어났다. 1년간 미국식 양보 문화에 '반강제적으로' 적응한 나는 한국으로 돌아온 이후에도 그 습관을 유지하게 되었다. 그런데 정작 보행자들이 양보를 자연스럽게 받아들이지 못했다. 차가 먼저 양보를 하려고 하면 상당히 어색해하는 모습을 보였다. 무엇보다 우리나라 보행자들은 일단 양보할 기회를 잘 주지 않는다. 주차장이나 공터, 이면도로 등에서 차와 마주치면 보행자 쪽에서 먼저 멈춰 서는 경우가 태반이다(미국은 절대 보행자가 멈추는 일이 없다. 차들이 반드시 알아서 서기 때문에 보행자들은 신경도 쓰지 않고 제 갈 길을 간다). 용케 차가 먼저 멈추더라도 한국에선 보행자 또한 '동시에' 같이 멈추기 일쑤다. 거의 반사적으로 그렇다. 차가 기다리면 보행자도 같이 기다리며 우물쭈물, 심지어 '어찌할 줄 모르는' 모습을 보이기까지 한다. 그냥 자연스럽게 가던 길 계속 갈 생각을 쉽사리 하지 못한다.

불안하기 때문이다. '어라? 저 차가 왜 멈췄지?' 하는 의심의 눈초리를 던진다거나 주춤주춤 운전자 눈치를 살피기도 한다. 마치 "저한테 지금 양보하는 거예요? 왜요? 황당하게……"라고 반문하는 것 같은 표정이다. 쓴웃음 나오는 풍경이 아닐 수 없다. 평소에 워낙 양보하는 차들이 없다 보니, 어쩌다 드물게 양보 차량을 만나면 오히려 얼음처럼 굳어버린다. '저 차가 저렇게 멈춰 있다가도 언제 쌩 하고 달려올지 모른다'는 불안도 깔려 있을 것이다. 그 불안감은 근거가 있다. 2018년 전체 교통사고 사망자 가운데 39퍼센트가 보행자였다. 자동차를 타고 가다 숨지거나 오토바이를 몰다 사망하는 경우는 그보다 비중이 적었다. 그리고 이 현상은 외국에 비해 유독 우리나라가 심하다. 인구 10만 명당 '보행 중 사망자 수'는 한국이 3.3명으로, OECD 평균의 세 배나 된다.

보행자 안전이 최하위권이라는 이야기다. 사정이 이렇다 보니 어쩌다 보행자 앞에 차가 먼저 멈추더라도 불신이나 불안감이 쉽게 가시질 않는다. 운전하다가 다들 한두 번씩은 경험을 해봤겠지만, 통상적으로 차가 멈춰 서는 것만으로는 양보의 완성이 되질 않는다. 보행자를 향해 먼저 가라는 손짓을 해줘야만 비로소 가던 걸음을 이어가는 경우가 많다. 참 아이러니한 일이다. 양보를 받는 것이 보행자들의 권리인데, 그것이 권리인 줄을 모르고 지내다보니, 누군가 양보를 해줘도 선뜻 받아들이질 못하는 것이다.

영화 〈부당거래〉를 보면 이런 대사가 나온다. "호의가 되풀이되면 그게 권리일 줄 알아." 그런데 이렇게 바꾸어 말해야 할 것 같다. "양보를 못 받아보면 그게 권리인 줄을 몰라."

양보란 결국 그런 것이다. 몸에 배지 않으면 하는 사람이나 받는 사람이나 다 어색하다. 양보를 해야 하는 사람은 평소 양보가 습관이 되어 있지 않으면 실행할 생각조차 하지 않고, 양보를 받아야 하는 사람은 평소 양보의 경험이 없다 보니 자연스럽게 받아들일 준비가 되어 있지 않다. 그래서 양보는 미리미리 체화體化해야 하고, 그러려면 교육이 필수다. 초 · 중 · 고 교과서를 통틀어 수도 없이 등장하는 단어가 '양보'지만 정작 실생활에서 실천을 잘 못 하는 걸 보면 교육의 효과가 그다지 크지 않다는 걸 알 수 있다. 그래서 우리 교육은 원점으로 돌아가 이런 기본 미덕을 가르치는 일부터 다시 시작해야 한다. 외워서 사지선다 답안을 채우는 일에만 주력할 게 아니라 교양인으로서 갖추어야 할 기초덕목부터 제대로 가르쳐야 한다. 그런 것들이 실생활에서 자동으로 튀어나올 수 있도록 교양교육을 더 강화해야 한다. 완전히 몸에 배지 않으면 필요할 때 반사적으로 튀어나오지 않는다. 국 · 영 · 수 점수 높이고 무슨 무슨 경시대회에 내보내 스펙을 쌓는 것도 중요하지만, 나라 밖으로 나가서 망신당하는 국민이 되지 않도록 미리미리 다듬어주는 것도 중요하다. 공교육의 가치는 바로 그런 데에 있다.

외국 이야기를 꺼낸 김에 하나만 더 첨언하자면, 미국인들은 식당에서 종업원들을 결코 큰소리로 부르거나 손가락을 '까딱' 하여 멈춰 세우는 일이 없다. 웨이터 혹은 웨이트리스와 눈이 마주칠 때까지 기다렸다가 표정이나 눈짓으로 와달라는 메시지를 건넨다. 물론 벨만 누르면 달려오는 한국식 식당 시스템에 비해 상당히 불편한 면이 있지만, 분명한 건 미국식 식당 문화에는 종업원들에 대한 배려와 존중 그리고 자기 차례를 기다릴 줄 아는 느긋함이 있다.

미국뿐 아니라 유럽을 비롯한 서구권 전반이 그렇다. 종업원이라 해서 함부로 오라 가라 하대하지 않는다. 무엇보다 한국에서처럼 종업원들을 "어이! 여기!" 이런 식으로 낮잡아 부르는 건 상상도 못 할 일이다.

'손님이 왕'이라는 말도 있지만, 왕도 기품 있게 행동해야 왕 대접을 받는다. 무례를 권리로 착각하여 행동하다가는 자칫 왕은커녕 '사람 대접' 받기도 힘들어질 수 있다.

정의를 위하여

가만히 있으니
가마니로 알고

"국민을 바보 취급하지 마라!"

2018년 말 마크롱 대통령의 유류세 인상을 반대하며 프랑스 전역에서 들고 일어난 '노란조끼' 시위대의 팻말에는 이런 문구가 적혀 있었다.

"가난은 에펠탑 뒤에 감춰져 있어요!"

세계 각지에서 몰려온 취재 카메라에 대고 시위 참가자들은 이렇게 말했다.

'노란조끼'는 기본적으로 반정부 운동이지만 정치적인 성격보다는 민생 문제 해결을 요구하는 성격이 강했다. 에펠탑으로 상징되는 파리의 화려함 뒤에 숨은 빈곤과 불평등 문제를 해결해보자며 시민들이 거리로 쏟아져 나왔다. 주말마다 노란색, 형광색 조끼를 걸쳐 입은 수만 명의 시위대가 주요 도시로 운집했다.

첫 발단은 세금 문제였다. 정부가 서민들에게 부담을 주는 유류세를 대폭 올리겠다고 하자 민심이 폭발했다. 가뜩이나 마크롱 정부가 대기업 등 소득 상위 집단에게만 과세 배려를 해준다는 불만이 높았는데 기름을 부은 격이었다. 제일 처음 나선 것은 유류세 직격탄을 맞게 된 생계형 운전자였지만 차츰 실업자들과 청년, 일반 시민으로 대열이 확대되었다. 프랑스 역시 유럽의 다른 나라들과 마찬가지로 저성장과 취업난 등 경제 문제에 시달리고 있던 와중이었다. 거기다 대고 마크롱 대통령은 "일자리가 널렸다"는 말을 했고, 결국 지지율은 한때 10퍼센트대로 추락하는 최악의 위기를 맞기도 했다.

집회는 들불처럼 번졌다. 해를 넘겨도 수그러들 기미를 보이지 않았다. 시위 구호는 갈수록 다양해졌다. 살림살이를 넘어 사회 구조적인 문제들을 고찰하는 거대 담론으로 확산되었다. 빈부격차라든가 지역 불균형, 불공정 경쟁구도 전반에 관한 불만들이 봇물 터지듯 분출되었다. 간혹 일부 집회가 폭력 시위로 변질되기도 했지만 적어도 평화 시위대가 외치던 구호들은 하나의 메시지로 모아졌다. '같이 좀 살자!'

프랑스 사회의 아픈 환자들은 전문가들이 제 할일(처방과 치료)을 소홀히 했다고 여겼다. 사회 문제의 진단을 내려주고 약을 조제하는 일에서 뒷짐을 지고 있다고 판단했다. 그나마 내놓은 처방(유류세 인상 등)은 오진이라고 비판했다. 치료를 기다리다 결국 병세만 악화되었다고 직접 진료실로 찾아가 새 약을 내놓으라고 행동에 나섰다. 진료실은 대통령궁이기도 하고 의회이기도 했으며 정부청사거나 언론 미디어기도 했다.

문 앞까지 들이닥친 환자들의 목소리가 높아지자 마크롱 대통령은 그 요구를 받아들여 유류세 인상안을 보류시켰고, 대신 대기업들의 세금을 올려 받기로 했다. 자국 내에서 막대한 수익을 거둬 들이는 글로벌 기업들을 상대로 '디지털세'라는 추가 과세를 추진하기로 했다. 아마존과 구글, 애플, 페이스북 등이 여기에 해당되었다. 많이 버는 만큼 더 많은 세금을 내야 한다는 노란조끼 시위대의 구호가 어느 정도 반영된 것이다. 그밖에도 프랑스 정부는 다양한 민의를 더 수렴해보겠다며 '사회적 대토론회'라는 전무후무한 범국민 토론 행사를 마련하기도 했다. 전국 각지에서 두 달 동안 무려 9천 건 이상의 토론회가 열렸다. 프랑스 사회가 앓고 있는 병세를 정확히 진단해보자며 정부가 일종의 종합검진 카드를 꺼내 들었다. 환자가 의사를 어떤 식으로든 움직이게 만든 셈이다.

병상에 누운 환자가 아프다고 소리치는데도 의료진이 코빼기도 안 보인다면 어떻게 해야 할까? 거동이 가능한 환자라면 직접 복도로 나가 간호사를 찾거나 의사가 있는 진료실 문을 두드리게 될 것이다. 사회적인 질병도 마찬가지다. 청년실업, 부채, 주거 문제, 교육 불평등, 이런 병들은 결코 자연 치유되지 않는다. 전문가들이 제때 치료를 해주어야 하는데 그 일을 방기하고 있다면 찾아가 따져야 한다. 제대로 하라고 요구하고 독촉도 해야 한다. 듣지 않으면 듣지 않는 책임도 물어야 한다. 그것은 투표가 될 수도 있고 캠페인이나 사회 운동이 될 수도 있고, 필요하다면 프랑스처럼 집회나 시위가 될 수도 있다. 그 무엇이든 환자들에게는 생존을 위한 자구책이나 다름없다.

굳이 힘든 행동에 나설 것 없이 투표만으로도 생각보다 많은 걸 바꿀 수 있다. 내 삶을 나아지게 할 정책을 누가 제시했고 누가 잘 이행해왔는지, 조금만 관심을 기울이면 얼마든지 파악할 수 있다. 판단이 내려졌다면 그다음 단계도 어려울 게 없다. 선거 당일 그저 10~20분 정도의 시간을 내어 가까운 투표소에 들르면 된다. 그 정도 수고만 감내하면 된다. 그러나, 그럼에도, 젊은이들의 투표 참여율은 어떤가?

2019년에는 2000년생들이 투표권을 갖게 된다. 그들이 대학 또는 사회로 진출하는 시점이기도 하다. 「동아일보」는 2019년 3월 개강 시즌에 맞춰 '2000년생이 온다'라는 시리즈 기사를 연재하였다. 그 기사는 2000년생들을 일컬어 공정성을 중시하는 '공정세대'라고 하였다. 다만 그들은 자신과 직접적으로 연관된 공정 · 불공정 문제에만 예민하게 반응하고, 사회 구조적인 공정 · 불공정 문제에는 오히려 둔감하다는 분석을 덧붙였다. 신문은 그 이유로 "치열한 경쟁에 너무 일찍 적응해버린 세대"라는 슬픈 해석을 내놓았다. 태어날 때부터 기회가 불평등하다는 걸 경험으로 깨달았고, 특히 교육과 입시 현장에서 그것을 체득했다. 아무리 똑똑하고 노력을 많이 해도 사교육 등의 지원 없이는 꿈을 이루기 힘든 현실을 목격하면서 체념에 익숙해졌다는 분석이다. 그래서 당장 '나'를 위협하는 불공정 문제에는 민감하게 반응하되, 사회 문제 전반에 대해서는 상대적으로 무관심한 태도를 보인다고 기사는 지적했다.

그러나 비록 개인적인 차원이라고 해도 불공정 문제에 '예민하게 반응하는' 그 기질 안에 희망의 싹이 들어 있다. 문제를 바로잡는 행동의 에너지가 숨어 있다. 범위를 개인에서 사회로 조금만 확대한다면, 이는 세상의 변화를 도모하는 동력이 될 수도 있다. 그렇게 하지 않고 사회 순응과 포기의 습성에만 젖어 산다면 결과는 우리의 희망과는 달리 나타날 것이다. 행동 없이는 아무 변화도 이끌어낼 수 없으니 불공정 체계는 대를 이어 고착될지도 모른다. 2000년생들이 기성세대가 되어 결혼을 하고 자식을 낳아도, 그 자식들 역시 불공정 시스템 안에 갇혀버릴 수 있다는 섬뜩한 이야기다.

프랑스의 '노란조끼' 시위에는 고등학생들까지 참여했다. 그들은 불공정의 대물림을 원치 않았다. 10대들이 집회나 시위에 나서는 건 프랑스에서는 생경한 일이 아니다. 그들은 교육과 문화, 노동, 가족 정책 등 다양한 현안들에 대해 수시로 목소리를 내왔다. 약이 필요하면 약을 달라고 그때그때 요구했고, 안 듣는다 싶으면 즉각 연대를 도모했다. 그러면 결국 사회 지도층이 경청했다. 어리거나 힘이 약하다고 무시하지 않고 그들을 대화의 상대로 마주했으며 처방전을 다시 써주기도 했다. 프랑스 사회는 그런 식으로 움직여왔다.

이런 문화의 근간에는 토론이 자리 잡고 있다. 카페마다 커피 한잔을 사이에 두고 열띤 토론을 벌이는 풍경은 프랑스 지성의 상징처럼 되었다. 토론이란 결국 행동의 전前 단계다. '가만히' 있지 않기 위한 지혜의 수렴 과정이다. 이번 노란조끼 시위를 계기로 마련된 '사회적 대토론회'에도 프랑스 전역에서 1백만 명이 넘는 시민들이 참가한 것으로 추산된다. 실로 대단한 열정이 아닐 수 없다. 세상을 바꾸기 위해 주저 없이 머리를 맞대고 행동하는 그 의지가, 그 적극성이, 프랑스 사회를 생동하게 만들어왔을 것이다.

그런 것이 중요하다. 목소리를 낼 때 내고, 움직일 때 움직이는 적극성 말이다. 그 적극성이 사회의 주인이 누군지를 재확인시켜준다. 주인은 정치인도 아니고 관료도 아니고 오로지 민중이다. 그러나 정치인들은 행동하지 않는 대중을 두려워하지 않는다. 자신들을 심판하지 않는 시민을 주인으로 여기지 않는다. 그저 가만히 있으면 '가마니'로 볼 뿐이다. 위정자들은 그러고도 남는다. 숱한 역사가 증명해온 사실이다.

키보드 워리어 말고
투표 워리어

'파이터'라는 비장한 단어가 어느 때는 비겁하거나 소극적인 사람을 일컫는 정반대 표현에 붙을 때가 있다. 속된 말이다. '아가리파이터'가 그것이다. 다른 표현으로 '키보드워리어'라고도 한다. 본인은 정작 어떤 싸움에 나설 용기도 없으면서 말로만 남을 비판하거나 온라인 익명성에 숨어 댓글 공격 같은 것만 일삼는 사람들을 말한다.

특히 정치에 대해 이런 자세를 취하는 사람들이 적지 않다. 평소 아낌없이 정부와 정치인을 비난하면서도 정작 본인은 어떠한 정책이나 정치 참여 과정에도 가담하지 않는 사람들 말이다. 투표 거부가 대표적이다. 혹은 투표에 참여하더라도 진지한 숙고 없이 그냥 '아무에게나 막' 표를 던지고 나오는 경우도 해당된다. 막

던진 표는 안 한 것보다 나쁠 수 있다. 결과를 오히려 더 심각하게 왜곡시킬 수 있다.

철학자 플라톤은 말했다. "정치에 참여하기를 거부하여 받게 되는 형벌 중의 하나는 자신보다 못한 사람의 지배를 받게 되는 것"이라고. 정치 참여란, 곧 내 삶의 환경을 선택할 권리이자 의무다. 수준 높은 정치가와 질 낮은 정치꾼들을 골라낼 찬스이기도 하다. 그런데 그 기회를 그냥 내팽개치면 자격도 없는 이들이 결정권자가 되고 대중은 그들의 저급한 통치 아래 살아야 한다는 게 플라톤의 이야기다. 플라톤이 살았던 시대뿐 아니라 이 시대 현대정치에도 그대로 적용 가능한 섬뜩한 경고 메시지다.

투표는 나와 내 공동체의 운명을 결정짓는 선택이다. 그 선택의 결과가 모두를 잘살게 할 수도, 망하게 할 수도 있음을 우리는 온갖 정치사를 통해 목격해왔다. 그럼에도 그 선택을 너무도 많은 사람들이 허무하게 포기하거나 귀찮게 여겨 아무렇게나 내던지고 만다. 선거일만 되면 유원지나 쇼핑몰, 공항 등으로 직행하는 풍경도 씁쓸한 단면 가운데 하나다.

정치에 무관심한 배경으로는 여러 가지 요인이 있을 수 있다. 그중에 대표적인 것이 '양비론'이다. 여도 나쁘고 야도 나쁘고 좌도 마음에 안 들고 우도 마음에 안 든다는 것이다. 그래서 '정치에 신물이 났다'고 선언한 뒤 투표를 외면한다. 혹은 아무에게나 '마구잡이식으로' 표를 던지기도 한다. 둘 다 선택권을 허망하게 포기하는 일이다.

이런 현상을 설명하기 위해 미국의 유명 TV 진행자인 빌 마허는 방송에서 '가짜 평형'이라는 개념을 주창하기도 했다. A라는 저질 정치세력과 B라는 상대적으로 양호한 정치세력이 있을 때, A는 선거에서 살아남기 위해 "B도 똑같이 나쁘다!" 혹은 "B가 더 나쁘다!" 이렇게 호도한다. 가짜로 평형을 맞추는 것이다. 그런데 그것이 의외로 많은 유권자에게 먹혀든다고 지적했다. 결국 "A도 B도 똑같이 나빠!" 이런 회의론이 형성되고 만다는 이야기다. 실제로는 '좋고 나쁨'에 있어 A와 B가 결코 같은 수준이 아닌데, 같다고 여기는 잘못된 지각이 '가짜 평형'에 해당한다.

빌은 특히 A세력의 가장 강력한 우군이 '게으른 사람들'이라고 했다. 게으른 사람들은 정치나 정책, 공약 등에 대해 어떤 공부도 하지 않으면서 그저 '양쪽 다 나쁘다'는 단정만 되풀이한다. 그 결과는 선거 왜곡으로 작용한다. 그들은 투표를 했든 안 했든 '올바른 선택'을 했을 가능성이 적기 때문에 어떤 결과가 나오더라도 그 선거는 왜곡될 가능성이 높다.

그는 "백여 가지의 대중음악 장르는 잘 구분하면서 대선 후보 두 사람도 제대로 구분 못 하니 정치에 얼마나 무관심한지 단박에 알 수 있다"고 하며 특정 세대를 지목하여 일침을 놓기도 했다.

이 말이 어느 세대를 겨냥하는지는 첫 줄만 읽어봐도 바로 알 수 있다.

단죄하지 않은 죄

우리 사회의 끝나지 않은 논쟁 가운데 하나가 친일파 문제다. 제대로 풀지 못한 무언가가 남아 있기 때문이다. 청산에 대한 아쉬움을 호소하는 목소리가 여전하다. 볼 일을 보고 밑을 덜 닦은 것처럼, 죄의 책임을 묻는 작업이 정확하게 마무리되지 않았던 탓이 크다.

해방 후 많은 친일파들은 사회 기득권층 여기저기에 숨어들어 결국 득세得勢했다. 그들을 청산하는 작업에 앞장섰던 사람들 중에는 오히려 '독하다'는 소릴 듣거나 손가락질 받은 사람도 많았다. 왜 아니겠는가? 죄를 지어도 사죄를 주저하는 것이 우리의 자화상이라면, '죄지은 자'가 '단죄하는 자'를 역공逆攻하는 일은 그만큼 비일비재했을 것이다.

해방 뒤 친일파 청산을 위해 제정된 '반민족행위처벌에관한특별법'이 소기의 목적을 달성하지 못한 것도 결국 죄지은 자들의 역공 때문이라는 분석이 지배적이다. 당시 정권은 반역자 처벌을 기치로 내거는 듯했으나 슬그머니 '과거를 묻어두자'는 자세로 돌변하였다.

좌우 이념 대립과 사회 혼란이라는 배경도 있긴 했지만 결과적으로 그런 관용은 패착이었다. 책임질 이들에게 책임을 묻지 않는 것은 정의를 바로 세우지 못한다는 점에서도 안 될 일이거니와 후대에 나쁜 선례를 남긴다는 점에서도 재고했어야 할 일이다. 무엇보다 죄지은 자들에게 반격의 빌미를 준다. 당시 '반민특위(반민족행위 특별조사위원회)'가 이렇다 할 활동도 하지 못한 채 금세 해산되고 만 배경에도 친일 이력을 가진 경찰들의 보복공격이 있었다. 그야말로 아이러니 아닌가? '친일'이라는 죄를 지은 자들이 외려 남의 죄를 처단하는 경찰직을 유지하고 있었고, 심지어 공권력을 이용해 정의를 바로 세우려는 사람들에게 테러까지 저질렀으니 말이다.

그렇게 살아남은 친일파는 이미 축적해놓은 재산과 시류에 편승하는 놀라운 감각으로 3대, 4대가 먹고살 기반을 다졌다. 창씨개명을 거부했던 지사들이나 독립운동으로 욕을 봤던 열사들은 굶어 죽고 맞아 죽고 옥살이로 생을 마감한 반면, 억울한 척 피해자 행세를 했던 반역자들은 면죄부를 받아 떵떵거리고 살았다. 남의 등에 칼을 꽂았을지언정 자신들은 단죄의 회초리 한번 맞지 않았다. 그리고 이 역사는 반복된다. 현대사를 관통하며 군사독재와 개발 비리가 횡행하던 시대에도, 남들의 고혈을 빨아 제 잇속을 챙긴 사람들은 대대손손 호사를 누릴 재산을 축적했다.

책임질 사람들이 책임지지 않고 오히려 부귀영화만 누린다는 건, 독일 같은 나라에서는 상상도 할 수 없는 일이다. 그들은 한 세기 내내 전범 부역자들을 찾아내 백 살이 다 된 노인까지 기어이 법정에 세웠다. 20세기를 넘어 21세기 오늘날까지도 전범자 색출 작업을 계속하고 있다.

프랑스도 나치에게 협조했던 자국민을 지금까지 1백만 명 넘게 처벌한 것으로 알려졌다. 뼈와 살을 도려내는 심정이었을 것이다. 저항도 만만치 않았으리라. 그러나 독일도 프랑스도 그렇게 결벽에 가까운 청산 작업을 해냈기에 그나마 죄의 굴레를 조금이라도 벗을 수 있었다. 후손들이 '선진 국민'이란 소리를 들으며 사는 것도 다 이런 역사청산 작업이 바탕이 되었기 때문이다.

미국은 범죄에 대해 상당히 강경한 단죄 시스템을 가진 것으로 유명하다. 2016년 불거진 체육계 성폭력 사태에서도 다시 한번 그 위력을 입증했다. 체조 국가대표팀과 대학팀 주치의를 지낸 래리 나사르가 상습적으로 선수들을 성추행 및 성폭행한 사실이 드러나자 법원은 징역 175년을 선고했다. 죽을 때까지 감옥 밖으로 나올 생각 말라는 단호한 판결이었다. 그뿐만이 아니다. 그를 고용했던 대학은 피해자들에게 5천억 원 넘는 보상금을 지급해야 했고, 체조협회는 그 수준의 합의, 보상금을 감당하지 못해 파산신청을 하는 촌극까지 빚었다. 협회장과 이사진들의 전원 사퇴는 기본이었다. 가해자 본인뿐 아니라 그 가해자를 제대로 관리, 감독하지 못한 소속 단체에게도 확실하게 책임을 물었다.

우리는 어떤가? 국내에서도 2019년 초 체육계 성폭력 사태가 불거졌다. 처음 있는 일이 아니었다. 같은 문제가 자꾸 반복되는 배경으로 언론들은 체육계 자정 노력과 단죄 시스템의 부재를 지적했다. 물의를 빚은 체육계 인사들을 퇴출시키는 등 확실하게 단죄하지 않고, 잠시 쉬게 하다 복귀시키거나 해외로 빼돌려 지도자 생활을 이어가도록 배려한 사례들이 줄줄이 지적되었다.

책임 규명을 소홀히 하고 단죄 절차를 건너뛰는 일은 대한민국의 뿌리 깊은 폐습 가운데 하나다. 죄를 묻지**ask** 않고 묻는**bury** 데 급급했던 업보는 결국 부메랑이 되어 돌아온다. '국가적 굴욕'으로 말이다. 예컨대 한국 땅에서 물의를 일으킨 외국 기업들의 사례만 봐도 그렇다. 폭스바겐의 배출가스 조작 사건, BMW의 연쇄 차량 화재 사태…… 문제가 불거졌을 때 해당 기업들이 국내 소비자들을 상대로 어떤 처신을 보였는지 모두가 기억하고 있다. '오만방자'라는 표현부터 떠올리는 사람들이 많을 것이다. 외국에서는 천문학적 보상금을 턱턱 내놓으면서도 한국 소비자들에겐 형식적인 리콜로 얼렁뚱땅 넘어가려 했다. 그 회사들은 욕을 먹어 마땅하지만, 국민들 사이에서 '자업자득'이라는 자성도 뒤따랐다. '우리가 얼마나 우습게 보였으면……' 이런 자조적 반응이 적지 않았다. 수입차 결함이라든가 리콜 문제가 논란이 된 게 어제 오늘의 일이 아닌데도 매번 그런 행태가 반복되는 걸 보면 분명 우리에게도 문제가 있다는 이야기다. 무엇보다 '단죄 시스템'에서 말이다. 징벌적배상제를 도입해 수천억, 수조 원대의 과징금과 보상금을 물리는 외국과 비교해볼 때 우리의 현실은 초라할 수밖에 없다. 단죄를 주저하면 제2, 제3의 폭스바겐 사태, BMW 사태는 언제든지 또 일어날 수 있다.

단죄란 보복과는 다른 차원이다. 물어야 할 책임을 확실하게 묻는 일이다. 다시는 그런 정의롭지 못한 일을 도모하지 못하도록 본보기를 세우는 일이기도 하다. 보복이라는 주장은, 책임져야 할 자들이 책임을 회피하는 수단으로 가장 흔하게 인용하는 레퍼토리다. 그 궤변에 휩쓸려 단죄를 소홀히 하면 결국 능욕이 돌아온다. 나라 대 나라에서도 그렇다. 일본이 우리에게 보이는 행태가 확실한 사례다. 과거 역사의 책임을 확실하게 묻지 않았던 업보가 부메랑으로 돌아와 우리 뒤통수를 치고 있다. 정당한 책임 규명과 배상 요구를 일본은 보복이나 몽니로 몰아세우고 있지 않은가. 한국의 요구가 지나치다며 되레 '외교 분쟁'으로 비화시키고 있다. 분명히 말하지만, 한일 간의 과거사 문제는 외교적인 조율의 사안이 아니다. 애초부터 선과 악이 명징하고 책임과 보상 소재가 확실하다. 그런데도 일본은 인정하지 않는다. 인정할 필요가 없다고 여겼을지도 모른다. 역사에서 우리가 단추를 잘못 끼운 측면이 있기 때문이다. 단죄를 소홀히 한 그 업보 말이다.

용서는
피해자의 권리

2018년, 위안부 화해치유재단을 해산한다고 우리 정부는 일본에 통보했다. 물론 일본과 사전 조율을 거친 결정은 아니었지만 우리 국민 중에 그 결정의 정당성을 의심하는 사람은 많지 않았다. 그러나 3년 전, 2016년 재단을 처음 설립한다는 결정이 내려졌을 때는 상당수가 그 정당성에 의문을 제기했다. 무엇보다 '피해 당사자'들이 결정 과정에서 철저히 배제되었기 때문이다. 위안부 할머니들은 어느 날 갑자기 '통보'를 받았다. 두 나라가 돈을 주고받고 재단 하나를 설립하는 선에서 위안부 문제를 마무리 짓기로 했다고 말이다. 당시 정부는 '불가역'이라는 표현까지 썼다.

생각해보면 참으로 희한한 일이다. 가해자에게 무언가를 통보한다는 것은 납득이 가는 일인데, 피해자에게 일방적인 통보가 내려진다는 것은 황당하기 짝이 없는 일이다. 합의도 아니고 권유도 아니고 통보라니……

한일 양국 정부가 위안부 할머니들을 제쳐놓고 일방적인 합의로 화해치유재단 설립을 발표했을 때, 나는 저녁뉴스(KBS 뉴스 7)를 진행하고 있었다. 돌이켜보면 그날 내가 진행한 뉴스에는 어떤 비판적인 리포트(기자들의 보도물)도, 어떤 비판적인 기사도 나가지 않았다. 앵커기 이전에 국민의 한 사람으로서 분명 엽기적인 합의라는 판단이 들었지만, 기자들이 써 보낸 리포트(보도물) 기사는 하나같이 청와대 입장만 반영한 무미건조한 기조를 띠고 있었다. 결국 앵커 멘트와 기사는 '따로 놀게' 되었다. 기사의 내용은 덤덤하기만 하고 어떤 비판도 가미되지 않았는데, 그 기사를 소개하는 앵커의 멘트에만 뭔가 각이 서버린 것이다. 그날 뉴스 클로징과 회사 트위터 계정에 나는 아래와 같은 멘트를 남겼다. 그렇게라도 하지 않으면 견디지 못할 것 같았다.

"피해자는 용서 안 했는데 가해자는 속죄를 선언하는 것, 영화 〈밀양〉이 생각납니다. 반성에 시효가 있을까요? 상처엔 시효가 없습니다. 수요집회는 그래서 계속되었습니다."

그랬다. 한일 합의가 나온 직후에도 수요집회는 이어졌다. 수요집회가 무엇인가? 피해자들의 '목소리'다. 피해자들이 합의를 합의로 인정하지 않는다는 확실한 거부 의사였다. 그래도 정부는 밀어붙였다. 재단을 세우고 알량한 돈을 받았다. 멋대로 반성과 청산에 시효를 부여하며 피해 당사자들의 상처에 다시 한번 소금을 뿌렸다. 상처에선 피눈물이 솟았다.

그 일방적인 '화해와 치유'는 지금 돌이켜 생각해봐도 엽기적이다. 화해는 제3자끼리 했고, 피해자는 전혀 치유되지 않았다. 그걸 문제 제기하지 않았던 언론은 사실 언론도 아니다. 나도 마찬가지고, 우리 모두 '기레기'라 불려도 할 말이 없던 시절이었다.

'용서'란 피해 당사자가 하는 것이다. 제3자 누구에게도 용서의 권한이 없다. 영화 〈밀양〉을 거론한 것도 그런 이유에서다. 밀양의 주인공(전도연)은 유괴범에게 자식을 잃는 극한의 아픔을 겪고 고통스러워한다. 그러다 어렵게 어렵게 '용서'라는 걸 하기로 마음먹고 용기를 내어 교도소를 찾는다. 그러나 면회실에 들어온 유괴범이 대뜸 이렇게 말한다.

"하나님이 이 죄 많은 놈한테 손 내밀어주시고, 그 앞에 엎드려 회개하게 해주시고 죄를 용서해주셨습니다."

가해자가 이미 속죄를 마쳤다고 피해자에게 선언한 셈이다. 한없이 편안한 얼굴을 하고 말이다. 기도를 열심히 했더니 죄가 다 사하여졌다며 가해자는 스스로에게 '셀프 구원'을 베풀고 있었다. 거기서 피해자는 폭발한다. '내가 용서하지 않았는데 도대체 누가 용서를 해주었다는 말인가? 그것이 신이라고 해도 말이다!'

용서란 피해자가 직접 해야 한다. 그 권리는 피해자 외에는 누구에게도 있지 않다. 그런데 한일 정부는 그걸 무시했다. 피해자의 절대권리를 무시하고 제3자들끼리 '용서' 절차를 마무리하려 했다. 그때 그런 식으로 단추를 잘못 꿰는 바람에 한일 외교 갈등은 계속해서 악화일로를 걷고 있다. 아베 일본 총리는 여전히 위안부 문제에 대해 큰소리를 치고, 징용자 배상 문제에 있어서도 같은 태도다.

한국 법원이 최근 일제 전범기업인 '신일본제철', 옛 '신일철주금주식회사'를 상대로 손해배상 판결을 내리자, 일본 정부가 나서서 배상을 하지 말라고 막는 지경에 이르렀다. 한국 정부가 내린 결정도 아니고, 엄연히 사법부가 내린 법적 판단인데, 일본 정부는 그 법을 따르지 말라며 자국 기업을 치마폭 안으로 잡아끌었다.

이 문제에 있어 일본의 태도는 이중적이기까지 하다. 같은 문제로 대립 중인 중국을 상대로는 그런 태도를 보이지 않는다. 중국은 과거 우리의 위안부 합의처럼 얼토당토않은 실책을 한 적이 없기 때문이다. 시종일관 일본에게 강력한 어조로 책임을 물었으니 일본 측에서도 쉽사리 큰소리를 내지 못하는 모양새다. 유독 한국을 상대로만 목소리가 높다. 외교적으로 우리를 얕잡아본다는 것 외에는 달리 해석하기 어려운 대목이다.

2019년 벽두에 벌어진 일들만 봐도 그렇다. 전년도 내내 징용과 위안부 문제로 한일 양국 간 갈등이 심화되더니, 급기야 신년초에는 일본 자위대 초계기들이 한국 해군을 상대로 '저공 위협

비행'을 감행하기까지 했다. 한 번도 아니고 여러 차례 반복해서 말이다. 이 얼마나 굴욕적인 도발인가? 심지어 2019년 여름에는 '경제 보복'까지 가하기에 이르렀다. 강제징용 배상 판결에 반발한 일본 정부가 그 문제와 무관한 반도체 소재 수출까지 차단하려 하며 치졸한 무역 보복에 나선 것이다. 대한민국 대통령의 인식이 잘못되었다고 일본 장관급들이 나서서 '지적(질)'까지 했다. 국가 대 국가의 관계에서 이런 결례가 어디 있는가. 이 모든 것은, 역사를 거쳐오는 내내 책임을 제대로 묻지 않고 섣부른 용서를 시도했던 패착이 낳은 결과는 아닐까?

영화 〈아이 캔 스피크〉는 김복동 할머니의 실제 이야기다. 할머니는 2019년 새해 첫 달을 넘기지 못하고 한 많은 세상과 작별했다. 이제 생존한 위안부 피해 할머니는 스무 명 남짓이다.

김복동 할머니가 눈을 감던 불과 몇 시간 전에도 일본 고노 외무상은 "위안부 문제는 양국 간에 합의가 다 끝난 일"이라고 했다. 아베 총리는 그날 의회 시정연설에서 한국과의 외교 갈등 문제를 마치 '없는 일'처럼 쏙 빼버렸다. '그림자' 취급을 했다고 할까? 눈을 감기 전 김복동 할머니가 마지막으로 본 것이 그 뉴스가 아니길 바랄 뿐이다. 할머니를 떠나보내고 남은 20여 명의 다른 할머니들에게는 그날의 그 모멸이 여전히 현재진행형이겠지만.

넣어둬,
영혼 없는 손길은

풍선처럼 부푼 공약들이 둥둥 떠다닌다. 재래시장 위로, 지하철역 위로, 아파트 단지 위로…… 선거철만 되면 볼 수 있는 풍경이다. 정치인들은 '작년에 왔던 각설이'처럼 때가 되면 또 시장통부터 찾아 표를 구걸한다. 아파트 단지 입구도 소란스러워진다. 지하철 출구는 가뜩이나 복잡한데 기호 1, 2, 3, 4번이 뒤엉키면서 북새통을 이룬다. 어깨에는 저마다의 이름이 적힌 띠를 둘러맨 사람들, 확성기에서는 공약公約인지 공약空約인지 모를 말풍선이 쏟아진다. 표정은 하나같이 그렇게 밝고 착해 보일 수가 없다. 세상의 온갖 자애로움은 다 가지고 있는 것 같다. 그 표정으로 어떻게든 한 사람이라도 더 눈을 맞추려고 간절한 구애 작전을 펼친다. 물론, 그때뿐이다.

선거 때만 이렇게 얼굴을 들이미는 정치인들에게 진정성을 느낀다는 사람은 그리 많지 않다. 밉상으로 보는 시각이 오히려 더 많다. 자기 필요할 때만 찾아와 온갖 '알랑방귀'를 뀌다가 표를 얻으면 쌩하고 사라져 나중에는 코빼기도 보이지 않기 때문이다.

그런 그들이 표를 얻으려고 제일 많이 하는 행위가 '악수'다. 그 악수에서도 온기를 느끼지 못하겠다는 사람들이 많다. 눈을 마주치고 대화를 주고받고 손을 맞잡았는데도 사람 대 사람으로서 전해지는 따뜻한 기운을 느낄 수 없다고 한다. 그래서 정치인들은 기본적으로 차가운 이미지가 많다. 그들이 하는 거의 모든 친밀 행위 자체가 어떤 목적성을 가지고 연출된 것이기 때문이다. 잇속을 챙길 때만 대중 곁으로 다가오는 얌체 같은 이미지는, 여야 할 것 없이 선거에 나서는 정치인들의 상징처럼 되고 말았다.

일전에 한 대선 후보는 시민들과 악수를 나누다가 손아귀가 아프다는 이유로 손을 등 뒤로 돌려 악수를 거부한 일이 있었다. 그 모습이 하필 사진으로 찍히는 바람에 구설에 올랐다. 정말 아파서 그랬을 수도 있는데 그 일이 유달리 입방아에 오르내린 이유는 역시 이미지 때문일 것이다. '저 정치인은 차가울 거야. 사람들과 손잡는 것도 내심 싫어할걸? 등 뒤에 감춘 손 좀 봐, 저기 본심이 있는 게지……' 예컨대 이런 식의 생각을 한 사람들이 제법 있었다. 그 사진 한 컷에 담긴 이미지는 그런 것이었다.

그런가 하면 그 정치인은 거꾸로 악수를 '거절당해' 화제를 모으기도 했다. 선거 날 아침 투표소를 방문한 자리였다. 본인부터 솔선수범 '한 표'를 행사한 뒤 현장에 있던 투표 참관인들과 악수를 나누려는데 그게 사단이 되었다. 대부분은 악수에 응했고 자연스럽게 손을 잡았는데 마지막 자리에 있던 참관인이 악수를 '티나게' 거부하였다. 그 장면이 하필 또 매스컴 카메라에 포착되어 고스란히 언론을 탔다. 참관인은 '해당 정치인의 진정성을 믿지 않기 때문에 악수를 거부했다'는 입장을 밝힌 것으로 기억한다. 이래저래 시민들과 온기를 나누는 일에 실패함으로써 여러 구설에 올랐던 정치인이다.

그 정치인뿐만 아니라 대부분의 정치인들이 본인의 기대보다 좋지 않은 이미지를 가지고 있다. 차갑고 비인간적이고 욕심만 많고…… 뭐 이런 이미지들 말이다. 억울한 사람도 있겠지만 결국은 자업자득인 측면도 강하다. 선거 때만 이른바 '서민 코스프레'를 하고, 원하는 곳에 입성하고 나면 언제 그랬냐는 듯 '갑'의 삶을 사는 경우가 많기 때문이다. 그런 일을 하도 많이 겪다 보니 시민들도 더 이상 정치인들에게 '사람냄새' 같은 걸 기대하지 않는다. 사람냄새란 곧 온기이기도 한데, 정치인들에게는 그런 것이 부족하다고 보는 게 일반적 시각이다. 그것이 한국 정치문화의 비극적인 측면이다. 외국의 사례와 비교해보면 특히 그렇다. 외국에서는 정치인이라고 해서 꼭 차갑고 온기 없는 존재로 여기지는 않는다.

'세계에서 가장 가난한 대통령'으로 불린 우루과이의 호세 무히카가 그렇다. 그는 따뜻하고 온기 충만한 정치인이었다. 농사를 짓고 살다 대통령이 되어, 당선 이후에도 스스로 '농부'라 칭하며 과수원 일을 계속 병행했다. 호화 관저에는 머물지 않았다. 원래 살던 집에 계속 기거하며 낡은 차를 손수 몰아 집무실로 출퇴근했다. 급여는 대부분 복지단체 등에 기부했다. 대통령궁을 국민에게 개방했다. 장애인과 노숙자, 소년소녀 가장 들을 수시로 초청했다. 그의 삶은 '서민 코스프레'가 아니라 그냥 서민 그 자체였다. 대다수 국민이 그의 모습에서 온기를 느꼈고, 그것만으로도 일종의 치유가 되었다. 그 대가로 국민들은 그에게 마음에서 우러나오는 지지를 보냈다.

전문 정치인은 아니지만 프란치스코 교황도 이런 행보로 유명하다. 그는 평소 호화로운 방탄차 대신 소박한 경차를 타고 이동하길 즐긴다. 한국을 방문했을 때도 그랬다. 이탈리아 현지에서는 어느 외딴 지방도로를 달리다 장애인 가족이 손을 흔들자 불쑥 차를 멈추고 내리는 모습이 영상에 찍히기도 했다. 교황은 그 장애인에게 다가가 입을 맞추었다. 따뜻한 풍경이었다. 곁에 있던 가족과 시민들에게도 그 자체로 축복이었다. 누군가의 휴대전화에 찍혀 공개된 이 모습은 가톨릭 신자뿐만 아니라 전 세계 수많은 대중에게 온기를 퍼뜨렸다. 교황 프란치스코는 교황청이 주는 엄혹하고 권위적인 이미지를 스스럼없이 내던졌다. 그런 것들보다 대중들과 온기를 나누는 일에 자신의 소명을 두고 있는 듯하다.

이런 '성자'의 경지까지는 아니더라도 서구 정치권에서는 온기를 바탕으로 한 배려와 유머, 서민적 행보로 대중들에게 가까이 다가선 사례를 얼마든지 찾을 수 있다. 트뤼도 캐나다 총리의 경우에는 개각을 하면서 난민과 원주민, 버스 기사 출신, 시각장애인 등을 각료로 기용했다. 일반 공무원도 아니고 장관으로 말이다. 국민은 '우리처럼 평범한 사람들, 소외된 사람들도 중요한 일을 할 수 있다'는 가능성을 엿보았다. 희망의 온기를 품을 수 있게 되었다. 기성 정치권을 향한 마음의 벽을 낮추는 계기가 되기도 했다.

메르켈 독일 총리와 마크롱 프랑스 대통령 등 유럽 주요국 정상들은 심야에 맥줏집에서 '번개 회동'을 하다가 카메라에 포착된 일이 있다. 길거리에 있는 흔하디흔한 맥줏집이었다. 경호원을 도열시키거나 수행원을 거느리지도 않고 그냥 불쑥 나타나 맥주를 시켰다. 시민들은 처음엔 놀라다가 이내 마음이 훈훈해졌다. 정상들만을 위한 귀빈석 같은 건 따로 마련되지도 않았다. 그냥 퇴근길 시민들 사이에 섞여 앉았다. 거대 유럽연합을 이끄는 수장들이 일반인과 다를 바 없이 셔츠 소매를 훌훌 걷어 올리고 잔을 부딪치고 있었다.

오바마 전 미국 대통령도 이런 일화들이 많다. 시민들로 북적이는 동네 핫도그 집이라든가 허름한 식당에 불쑥불쑥 나타나 한 끼 식사를 해결하는 걸로 유명했다. 선거 기간에 맞춰서 그런 게 아니라 수시로 그랬다. 외국을 방문해서도 고급 레스토랑보다는 현지 로컬 식당을 즐겨 찾았다. 그런 모습들은 보도자료나 보도 사진으로 배포된 게 아니라 시민들 카메라에 찍히면서 알려졌다. 그 시민들에게 안부를 물어주고 사는 이야기를 주고받았던 오바마는, 선거 때 시장을 돌며 순대국을 먹던 우리나라 정치인들과는 좀 달라 보였다. 물론 사람에 따라서는 오바마의 그런 모습 또한 연출로 해석할 수도 있다. 그러나 분명한 것은 그가 많은 시민들에게 온기를 전달하는 데 성공했다는 사실이다.

정치인이든 일반인이든 서로의 마음을 열게 해주는 건 사람 대 사람으로 전해지는 온기다. 그 온기에는 형언할 수 없는 긍정적인 에너지가 담겨 있다. 때로는 치유의 힘이 되기도 한다. 오한으로 몸을 떨며 병석에 누웠을 때 이마를 짚어주던 어머니의 따뜻한 손길을 기억하는지…… 배탈 난 손주의 배를 쓰다듬으며 "내 손은 약손"이라고 하던 할머니 손길은 또 어떠한가? 거기서 나오던 영묘한 온기는 그 무슨 진통제나 치료제보다도 강력한 치유력을 발휘했다.

온기에는 또한 믿음을 다지는 힘이 있다. 악수를 해보면 '우호감'과 '적대감' 정도는 직감적으로 구분해낼 수 있는데 그걸 가르는 기준이 바로 온기다. 손에서 손으로 전해지는 온기를 통해 상대가 나의 적이 아니라 친구라는 걸 확인하는 순간 악수는 신뢰의 교환의식이 된다. 중요한 계약을 체결하고 나서 악수를 하는 풍습은 오래전부터 '서로 믿자'는 선언적 의식으로 활용되었다. 먼 옛날 칼잡이들의 시대에는 서로 죽이지 않겠다는 비무장 확약의 수단으로 악수를 사용했다. 그렇듯 악수란 믿음을 나누는 풍습이다. 맞잡은 손으로 전해지는 따뜻한 온기가 그 믿음의 자양분이다. 정치인들의 악수처럼 믿지 못할 요식 행위가 아니라, 오히려 믿음을 키워주는 소통 수단이 악수다.

만일 '손이 닳도록' 악수를 했는데도 대중들의 신뢰와 사랑을 얻지 못한 정치인이 있다면, 무릇 온기의 가치에 대해 처음부터 찬찬히 생각해보면 좋겠다. 자신에게 가장 필요한 것이 무엇인지 곧바로 답이 나올지도 모른다. 끝내 그 답을 찾지 못하겠다면, 미안하지만 그 사람은 정치를 그만해야 한다. 온기의 가치를 모르는 사람이 정치를 하면 사회는 온기 반대의 것, 냉기로 가득 찰 것이니 말이다.

프레이 포 파리Pray for PARIS 근데 왜 파리만?

2015년 프랑스 파리에서 끔찍한 테러가 일어나자, 지구촌 각지의 사람들은 '이웃의식'을 발휘해 추모와 애도의 물결을 이루었다. 이른바 'Pray for PARIS'로 상징되는 SNS 추도 릴레이가 그중 하나다.

이것은 이후 하나의 유행이 되어 다른 나라에서도 테러가 발생하면 거의 어김없이 SNS에 등장하고는 한다. 페이스북이나 인스타그램에 'Pray for OOO' 게시물을 올리는 게 요즘 말로 치면 일종의 '인싸(인사이더**insider**)'가 되는 일 같다.

일단 그 취지는 나쁠 게 없다. 오히려 숭고한 일에 가깝다. 한 나라의 비극을 먼 나라 일로 치부하지 않고 내 이웃, 인류 공통의 문제로 받아들여 안타까워하는 것, 당연히 칭찬받아야 할 일이다.

그런데…… 특이한 것은 그 'Pray for OOO' 물결이 유독 서구권 나라에서 참극이 발생할 때만 등장한다는 사실이다. 중동이나 아프리카 같은 제3세계에서 비극이 발생할 때는 등장하는 걸 보지 못했다. 사실 테러나 분쟁, 전쟁 등으로 사람이 죽어 나가는 일은 유럽보다 중동이나 아프리카 국가들이 훨씬 심한데, 거기서 벌어지는 사건들은 좀체 'Pray for'의 대상이 되지 못한다.

그래서 생각해보았다. '지구촌'이라는 말에 대해서 말이다. '마을 촌村' 자를 붙인 걸로 보아, 이 단어의 저변에는 서로를 '이웃처럼 바라보자'는 공동체 의식이 깔려 있을 것이다. 국경이 나뉘고 문화도 다르지만 지구라는 한 마을에 사는 하나의 이웃처럼 서로를 가까이 여기며 거리감 없이 교류하자는 의미 말이다.

그런데 'Pray for' 동참자들은, 프랑스나 영국, 벨기에는 이웃으로 생각하면서도 나이지리아나 팔레스타인, 시리아는 이웃으로 생각하지 않는 것 같기도 하다. 나이지리아에서는 무장단체 보코하람의 테러로 한 번에 백몇십 명의 양민들이 죽거나 10대 소녀들이 단체로 납치되기도 하고, 팔레스타인-이스라엘 접경지대에서는 툭하면 미사일 포탄이 날아다닌다. 시리아는 내전에다 악명 높은 IS까지. 말할 나위도 없다. 그런데 사람들은 그런 곳에서 벌어지는 학살과 비극에는 별 관심을 두지 않는다.

혹시, 이웃은 이웃인데 유럽은 서울의 강남 같은 이미지고, 중동은 저 멀리 변방의 시골쯤으로 여기는 것은 아닐까? 화려하고 낭만적인 유럽의 도시들은 기꺼이 마음을 내어 안타까워할 만한 곳이지만, 먼지 날리고 피비린내 진동하는 아프리카의 분쟁지역은 따로 신경 쓸 필요 없는 곳으로 여기는 건 아닐까? 파리나 런던은 '언제든 놀러 갈 수 있는' 가까운 곳이지만, 가자지구나 알레포는 '평생 갈 일이 없는' 먼 곳이어서 추모의 마음이 잘 우러나지 않는 것일까? 생각이 이런 고민에 이르자 'Pray for'라는 숭고한 추모의식에도 어떤 씁쓸한 뒷맛 같은 것이 남고 말았다.

물리적 거리가 어떻든 심리적 거리가 어떻든, 사람은 다 똑같은 사람이고 죽음은 다 똑같은 죽음이다. 전 세계 모든 분쟁지역 사람들에게 'Pray'는 똑같이 필요한 일 아니겠는가. 혹시 그게 똑같지 않다고 여기는 사람이 있다면 자성을 해볼 일이다. 인류 보편의 가치라는 말에 '보편'이라는 단어를 붙이는 이유를 다시 한 번 되새겨야 하겠다.

○ 관계의 온도

필요한 건 휴머니즘

몇 해 전 '노 룩 패스**No look pass**'라는 스포츠 용어가 정치풍자 용어로 둔갑한 적이 있다. 주인공은 상당한 거물급 정치인이었다. 그는 귀국길에 공항 입국장을 빠져나오며 자신의 여행 가방을 '내던지듯' 보좌진에게 건넸다가 반갑지 않은 유명세를 치러야 했다. 보좌진 얼굴을 제대로 쳐다보지도 않고 가방만 "툭" 하고 민 그 행위는 '노 룩 패스'라는 별명을 얻었다. 무엇보다 그는 수행원을 마치 투명인간 취급하여, 보는 대중들의 심기를 퍽 불편하게 만들었다. 어떤 이들은 아랫사람에게 '사람 취급'을 하지 않는 행태라고 비난하기도 했다. 여론이 뜨거워지자 기자들의 질문과 인터뷰 시도도 잇따랐다. 그 정치인의 입에서 일종의 사과 코멘트를 따는 게 예견된 순서이리라. 그런데 그가 내놓은 답변은 그 예견과 좀 달랐다.

"바쁜 시간에 쓸데없는 일 가지고……"

그랬다. 그렇게 말했다. "쓸데없는 일"이라고 했다. 이른바 '여행 가방 던지기'와 관련해 어느 기자가 당사자의 입장을 묻자 그런 답변이 돌아왔다. 그 정치인에게는 그날의 일화가 그냥 '쓸데없는 일' 이상도 이하도 아니었던 모양이다.

사실 그 일은 사람이 사람을 대하는 기본 태도에 관한 문제였다. 너무 '기본'이다 보니 무시하게 된 걸까? 주로 '큰일'을 한다는 사람들 가운데 그런 모습을 보이는 경우가 많다. 정치인들이 제일 단골이다. 아랫사람이나 지위가 낮은 사람을 무시하는 태도를 보이고도 자신이 뭘 실수했는지 이해하지 못하는 사례를 여럿 보았다. 세상 돌아가는 일의 초점을 너무 '거창한' 것에만 두면 그런 오판을 하게 되는 걸까? 자기만의 원대한 소명, 나라의 명운이 걸린 중대 현안, 그런 것에 천착하면 아무래도 사소한 도리 같은 것들은 중요치 않다고 여길 수도 있겠지. '노 룩 패스'에 대한 질문을 받았을 때 그 정치인도 그랬을 것이다. '내가 지금 이 나라의 정권 문제로, 당의 문제로, 거취 문제로, 얼마나 바쁜데 아랫사람 대하는 사소한 문제까지 일일이 신경을 써야 하나?' 이런 식으로 말이다.

만일 그날 어느 기자가 그를 향해 다른 질문, 예컨대 "당 비대위 문제에 대해서 한 말씀해주세요." 이런 류의 질문을 했다면 성의 있는 답변을 받아냈을지도 모른다. 적어도 "쓸데없는 일 가지고" 같은 답변은 나오지 않았으리라. 왜냐면 그 정치인에게는 당 비대위 문제 같은 것들이 '쓸 데 있는' 일이었을 공산이 크기 때문이다.

그러나, 그렇게 이해를 하고 넘어가려 해도 대중의 마음은 언짢다. 언짢을 수밖에 없다. 그날 그 여행 가방을 떠안은 사람이 자신 같기도 하고 자기 아버지 같기도 하고 아들 같기도 하기 때문이다. 인간 대 인간의 문제라는 게 무릇 그렇다. 비슷한 처지의 사람이 겪는 일은 결국 자기 일처럼 여길 수밖에 없다. '노 룩 패스'의 주인공은 그걸 알았어야 한다. 대중들이 왜 기분 나빠했는지, 자기가 본의 아니게 어떤 상처를 주었는지 말이다. 상처를 입은 게 보좌관 하나라고 생각하면 큰 오산이다. 그날 그 '차가운' 여행 가방이 날아든 것은 온 국민의 마음이었다.

어떤 경우에라도 사람이 사람을 대하는 문제만큼 중요한 것은 없다. 휴머니즘, 인간성, 인간애…… 사람이 사람을 향해 기본적으로 갖추어야 할 덕목인 배려와 존중. 이런 것들은 먹고사는 문제만큼이나 중요한 인간 본연의 가치들이다. 그렇기에 사회를 좌지우지하는 유력 인사에게서 그런 가치가 결여된 행동을 볼 때 (본인의 의도는 그렇지 않았더라도 다수의 시선에 그리 보였다면) 대중으로부터 당연히 뜨거운 반응이 나올 수밖에 없다.

무릇 '인플루언서**influencer**'라면 기본적으로 그런 따가움을 숙명으로 받아들이고 이해해야 한다. 인간의 도리이자 권리에 관한 문제기 때문이다. 그럼에도 이 단순 자명한 이치를 끝까지 '쓸데없는 일'로 치부해버리는 사람들이 있다면 그들의 사고체계는 보는 이들을 지치고 슬프게 만든다. 그런 사람들이 유력한 자리에 많이 포진해 있을수록 사회는 암울해진다. 기본적인 인간 문제가 등한시되는 사회에 정을 붙이기란 쉽지 않다. '노 룩 패스'로 홍역을 치른 그 정치인도 지금쯤은 부디 생각이 바뀌었기를 바란다.

그로부터 얼마 뒤에는 그 유명한 '땅콩회항' 사건이 터졌다. 그 사건의 파장은 굳이 더 설명할 필요도 없다. 마찬가지로 기본적인 인간애, 휴머니즘에 관한 문제였다. 나중에 법원 재판부는 가해자에게 1심 선고 판결을 내리면서 '땅콩회항' 사건을 이렇게 규정했다.

"돈과 지위로 인간을, 인간의 존엄과 가치를, 인간의 자존감을 무릎 꿇린 사건. 인간에 대한 최소한의 예의와 배려심이 있었다면, 직원을 노예쯤으로만 여기지 않았다면, 감정을 조절할 수 있었다면, 승객을 비롯한 타인에 대한 공공의식만 있었다면 결코 발생하지 않았을 사건."

타인의 고통과 마주하는 법

몇 해 전 영화평론가 강유정 교수는 내가 제작한 KBS 온라인 프로그램에 출연해 이런 말을 한 적이 있다. 영화 〈라스베가스를 떠나며〉에 관한 인상 깊은 소견이었다.

"니컬러스 케이지가 알코올 중독에서 헤어나지 못하고 마지막에 죽어갈 때 엘리자베스 슈가 찾아가서 술 한 병을 더 주는 장면이 있거든요. 저는 이 장면에서 오히려 어떤 감동을 느꼈어요. 서로에게 별다른 구원이 되어줄 힘이 없다면 같이 더 바닥으로 떨어져주는 게 사랑과 위로의 또 다른 방식이지 않을까 하는 생각을 했어요."

고통을 위로하는 방법은 여러 가지가 있다. 아픔을 잠시 잊을 수 있도록 '아프지 않은 것, 좋은 것들'을 연상시키는 방법이 있고, 희망의 말, 치유의 언어를 통해 마음을 보듬어주는 방법도 있다. 〈라스베가스를 떠나며〉의 두 주인공은 다른 방식을 택했다. 거리의 매춘부로, 중증 알코올 중독자로, 어차피 남은 생에 별 희망이 없었기에, 그냥 마지막까지 서로의 비참한 모습을 담담히 바라보고 상대 행동에 어떠한 평가도 하지 않는 방식으로 위안을 나누었다.

물론 이것은 극단적인 사례고 비극적인 선택이었지만, 우리는 여기에서 한 가지를 주목해야 한다. 바로 상대를, 상대의 행동과 감정을, 함부로 막아서거나 재단하지 않는 것이다. 사랑하는 사이고 서로를 보듬어 안아야 하는 관계일수록 이 명제는 중요하다. 그렇게 하지 않고 어떤 평가를 한다거나 굳이 행동으로 반응을 보이려다 오히려 상처만 주는 일이 적지 않다. 상대를 위로하려고 접근했다가 결국 상대를 재단하고 해부하고 나무라는 쪽으로 이야기가 새기도 한다. 당장의 위로를 갈구하는 사람에게 그런 이야기들은 어쩌면 무용할지도 모른다. 외려 상처에 소금만 뿌리는 일이 될 수 있다. 친한 친구, 연인, 가족 등 가까운 사이일수록 그렇다. 누군가 어떤 일로 힘겨워하는 모습을 보이거나 소리 내어 고통을 호소할 때, 그저 가만히 들어주거나 담담히 공감해주는 것이 안전한 적정선이다. 그 선을 넘으면 위로의 효력이 되레 반감된다. 적정선을 지키지 못하고 선불리 '한 발 더' 들이밀다가 관계를 망치는 사례들이 부지기수다. 대화 도중에, "너도 좀 고칠 게 있네." 이런 식으로 이야기가 전개되면 그때는 돌이키기 어렵다. "이 봐! 나는 그저 내 이야기를 '들어달라는' 거라고!" 상대가 이렇게 설움을 폭발시키면 마음에 큰 멍이 들었단 이야기다.

'듣기'에서 딱 멈추기가 사실 얼마나 힘든 일인가. 우리는 꼭 무언가 말을 덧붙이고 반응을 보이고 나아가 상대의 문제를 '고쳐주고 싶어' 무리하게 파고들다가 도리어 상대 감정을 진흙탕 속으로 잡아끄는 경우가 많다. "당신이 잘못했네." "너는 그게 문제야!" 이 두 문장의 폐해를 아는 사람이 적지 않을 것이다.

위로란 그저 가끔 바라봐주는 것, 그저 들어주는 것, 거기서 딱 멈추어야 할 때가 많다. 만일 누군가에게 꼭 조언을 해야 한다면 거기에는 고도의 기술이 필요하다. 선부른 조언이 엉뚱한 방향으로 와전되면 한 사람 인생에서 어떤 반작용을 하게 될지 모른다. 위로는커녕 되레 부정적인 영향을 끼치거나 상대 마음을 크게 다치게 할 수도 있다. 그렇게 되면 아무리 가까운 사이라고 해도 관계에 금이 가는 건 한순간이다.

나는 대학에서 사회복지학을 전공했다. 그래서 방학 때 복지관으로 사회복지사 실습을 나가곤 했는데 거기서 이런 오류를 많이 저질렀다. 복지사들은 어려움에 처한 사람을 수없이 만나게 되고, 그들의 힘겨운 사정에 귀를 기울여야 한다. 그것이 주 업무다. 그런데 이 '아마추어 대학생 얼치기 복지사'는 그 적정선을 미처 몰랐다. 가슴 아픈 사연을 듣다 보면 자꾸 '섣부른 위로'의 말을 건네게 되고, 사람 사이 갈등의 사연을 듣다 보면 '진단'이나 '지적' 쪽으로도 말이 새곤 했다. 그러다 호통이 돌아오기도 했다.

"네까짓 새파란 대학생이 뭘 안다고 나불거려!" 이야기가 그 지경까지 가면 더 이상 그 대상자를 만나지 못한다. 그쪽에서 만나주지를 않는다. 복지사로서 업무 성적이 '빵점'인 것이다. 위로의 말이라는 것도, 의도와 달리 상대는 모멸이나 수치로 받아들일 수 있다. 그 사람 잘못이 아니다. 전달한 사람이 뭔가 실수한 것이다. 듣고 반응하는 일의 적정 수위를 지키지 못한 탓이다. 그 단계까지 가면 대화는 중단되고 유대관계는 더 이상 진척되지 않는다. 그래서 극도로 조심해야 한다. 웬만하면 그저 '들어주기만' 하는 것이 최상의 위로일 때가 많다.

대중을 상대하는 사람들은 더 조심해야 한다. 한꺼번에 여러 사람에게 상처를 주는 구업口業을 지을 수 있기 때문이다. 간혹 토크쇼나 라디오 프로그램 진행자들이 그런 경우가 있다. 아무래도 시청자나 청취자 사연을 소개하고 반응하는 일이 주를 이루기 때문이다. 방송 연륜이 쌓이고 인생 경험이 풍부한 진행자들은 상대적으로 오류를 일으킬 가능성이 낮다. 남의 사연에 섣부른 분석이나 리액션을 하려 들지 않는다. 사연을 소개하되 어설픈 위로나 조언을 굳이 덧붙이지 않는다. 꼭 해야 한다면 최대한 간결하고 덤덤하게 한두 마디를 할 뿐이다.

"이런 건 참 힘든 일이긴 해요." "언젠가 좋은 날도 오겠죠." 그 정도다. 누구나 공감할 수 있는 선에서 가급적 간소한 언어로 대응을 갈음한다. 왜냐면 그 진행자는 사연의 주인공을 직접 만난 적도 없고, 그가 어떤 삶을 사는지 정확히 알지 못하기 때문이다. 잘 알지도 못하면서 남의 인생에 어떤 식으로든 개입하려 드는 건 대단히 위험한 일이다. 조심스럽게 선을 지킬 줄 알아야 결국 명 MC, 명 DJ 반열에 오른다. 배철수 씨 같은 경우가 그렇다. 그는 청취자 사연에 웬만해서는 구구절절 주관을 덧붙이지 않는다. 외면하는 것이 아니라, 그 편이 오히려 세심한 배려기 때문이다. 그것은 어떤 경지에 오른 '자제'라고도 볼 수 있다.

반면 간혹 아이돌 연예인이라든가 젊은 DJ들이 진행하는 라디오를 듣다 보면 위태위태한 경우가 있다. 뭐랄까, 일종의 '리액션 강박증' 같은 게 엿보인다. 청취자 사연에 어떤 식으로든 적극적으로 반응해야 한다는 의무감 같은 것 말이다. 그러다 보면 결국 어설픈 위로나 조언을 덧붙이기 쉽다. 사족이다. 거기까지 가지 말고 그 전에 딱 멈춰야 하는데 말이다. 예컨대 이런 식이다. 생계라는 절박한 문제로 인생의 기로에 선 사람에게 "여행 한번 가보는 게 어떨까요?"라고 조언하는 걸 들은 적이 있다. 즉시 고개를 갸웃했다. '그 사람은 그럴 여유조차 없을 텐데……' 듣는 내가 다 민망해졌다. 또 어느 DJ는 인간관계에 지쳤다는 사람에게 되레 "친구를 많이 만나보세요"라는 엉뚱한 처방을 내리기도 했다. 채널을 다른 데로 돌리고 말았다.

이런 이야기들은 일단 입 밖으로 튀어나오면 그걸로 끝이다.

전파를 타고 이미 수십만 청취자에게 전달된 뒤다. 이 상황에서 수습할 도리도 없다. 사연의 주인공만 기분 나빠지는 게 아니라 일반 청취자들도 황당함을 느낀다. '낙장불입落張不入'의 구업은 공인과 대중의 관계뿐 아니라 개인 대 개인의 관계에서도 마찬가지다. 잘못 나온 말은 결코 다시 주워 담을 수 없다. 그래서 한 사람 인생에 조언이나 위로를 할 때는 할 수 있는 한 최대한 신중을 기해야 한다. 진중하게 말을 고르고 고른 뒤에, 그러고도 몇 번을 더 참아 확실하게 묵혀야 한다. 그 묵힘 끝에 정제된 언어만이 위로나 조언의 자격을 갖는다. 거기까지 갈 자신이 없다면 그냥 자제하는 게 제일 좋다. 모두 카운슬러가 될 필요는 없다.

당신의 얼굴은 당신이 살아온 흔적

배우는 자신이 맡은 배역에 깊이 몰입하다 보면 실제 생활에서도 한동안 그 역할로 살아가게 된다고들 한다. 연기를 하는 동안 항상 캐릭터를 연구하고 연습하고 모든 신경을 거기다 쏟기 때문에 결국 자연스럽게 행동이나 표정에 그 캐릭터가 발현되어 나온다.

배우 최민수 씨는 어느 해인가 이런 말을 한 적이 있다. 드라마 작품 하나를 마치고 몇 달째 되던 날, 남몰래 화장실에 들어가 펑펑 울며 그 캐릭터를 떠나보냈다는 것이다. 그의 연기 열정을 미루어 보면 짐작이 가는 일이다. 그는 드라마 〈사랑이 뭐길래〉를 찍을 때는 대발이로 살았고, 〈모래시계〉를 찍을 때는 박태수로 살았다. 그 시절 인터뷰를 보면 표정과 말투, 몸짓 같은 것에 그 캐릭터가 그대로 드러난다. 아마 많은 배우들이 그렇지 않을까 싶다. 악역을 연기하면 자기도 모르는 사이 표정이 악인처럼 바뀐다고 하지 않는가? 배우 최민식 씨는 영화 〈악마를 보았다〉를 찍을 무렵, 엘리베이터에서 만난 이웃 어른이 반갑게 인사를 건네자 순간적으로 '왜 반말이지 이 XX가?' 하는 공격적인 마음이 들었다고 고백하기도 했다. 영화 속 캐릭터가 난데없이 현실의 삶에 튀어나오려 했던 것이다. 극단적인 사례일 수 있지만 얼마든지 공감이 가는 이야기다.

배우들뿐만이 아니다. 사람은 누구나 어떤 직업을 가졌든 그 일의 성격과 살아온 궤적이 얼굴과 행동에 묻어나기 마련이다. 정치인들을 보면 알 수 있다. 모든 사람이 다 그런 건 아니지만 상당수 정치인들의 표정이나 몸짓에서 권위의식이라든가 거만함 같은 게 읽히고는 한다. 개인적인 일화를 하나 예로 들겠다. 정치부 시절 만났던 한 국회의원에 대한 이야기다. 그는 금배지를 달고 국회에 입성하기 전 NGO 단체에서 일했다. 그때 이미 취재로 만나 나와는 구면이었다. 그 단체가 주최하는 행사가 열리던 날이었는데, 당시 실무자였던 그는 정말이지 '발바닥에 땀이 날' 정도로 성실히 뛰어다녔다. 만나는 모든 사람에게 기꺼이 머리를 조아리며 성공적인 행사 진행을 위해 애썼다. 나는 그가 참 겸손하고 성실한 사람이라고 생각했다.

그땐 분명 그랬다. 하지만 시간이 흐르고 국회에서 의원으로 다시 만난 그는 달라져 있었다. 거의 '180도' 다른 사람이었다. 일단 표정부터 그랬다. 겸손함은 온데간데없고 거만함이 잔뜩 배어 있었다. 거들먹거리는 손짓, 몸짓도 전과는 아주 딴판이었다. 초선의원이 되고 불과 2~3년 사이에, 전과 다른 방식으로 살아온 삶의 여정이 얼굴에, 몸가짐에, 그대로 드러났다.

정반대의 사례로, 몇 해 전 서울대학교 졸업식장에서 본 김인권 당시 여수애양병원 명예원장을 꼽고 싶다. 그는 2016년 8월 서울대학교 졸업식에서 축사를 하였다. 그가 걸어온 삶의 여정을 보면 그 대학 출신의 쟁쟁한 정재계 인사들을 모두 제치고 그날의 축사를 맡게 된 이유를 유추할 수 있다. 김 원장은 1975년 서울대학교 의대를 졸업한 뒤 남들처럼 돈 잘 버는 개인병원을 차리거나 번듯한 교수 직함을 달지 않고, 40년 가까이 국립소록도병원과 여수애양병원에서 한센병 환자를 치료하는 일에 생을 바쳤다. 개인적으로는 일면식도 없었지만, 사람은 살아온 여정과 성품이 얼굴에 그대로 드러난다는 걸 다시 한번 깨닫게 해준 분이었다. 그는 어떤 성직자나 사회 지도자보다도 맑고 자애로운 얼굴을 하고 있었다. 일부러 그런 표정을 '지어 보이는' 게 아니라, 그저 담담한 표정 속에 온화한 성품이 가감 없이 드러났다. 온기 가득한 목소리와 말투도 마찬가지였다. 스스로를 돋보이게 하려는 화법이나 제스처는 없었고, 그저 간결하고 꾸밈없는 말 한마디 한마디에 따뜻한 진정성과 삶의 지혜가 배어났다.

그가 했던 졸업식 축사의 요지는 청춘을 위한 당부였다. 그중에서도 인상 깊었던 대목은, 서울대학교 졸업생들에게 '너무 좋은 직장만 찾지 말라'고 조언한 부분이다. 본인이 실제 삶에서 몸소 실천한 일이기에 그에게는 그 말을 할 자격이 있었다.

그는 "소위 '좋은 직장'이라는 것이, 치열한 경쟁과 상하 수직 관계로 인해 일하는 사람 개인의 존재감을 나타내기 어려운 곳"이라고 했다. 조금의 실수도 포용하지 않고 상대의 단점을 부각하려 하는 냉혹한 문화가 있음을 강조했다. "그런 사회에서는 여간 강심장이 아니면 살아남기 어렵고, 살아남는다 하더라도 감성이 아주 무디어질 것"이라는 말도 덧붙였다.

사실 그가 말한 그 '감성'이라는 게 곧 얼굴로 드러나는 법이다. 그분 본인이 몸소 증명해 보이는 그 얼굴 말이다. 김인권 원장의 얼굴에는, 수십 년 동안 전혀 무디어지지 않은 수수하고 따뜻한 감성이 고스란히 드러나 있었다.

사람은 나이가 들수록 자신의 얼굴에 책임을 져야 한다는 이야기가 있다. 누구든 새겨들을 이야기다. 살아가는 모습이 자기 얼굴에 어떻게 투영되는지조차 모르고 살다가, 뒤늦게 깨닫고 나면 그때는 이미 늦는다. 그 단계에서는 더 이상 책임지고 말고 할 기회 자체가 없을지도 모른다. 행동이나 이목구비는 당장 바꿀 수 있어도, 얼굴에 묻어나는 삶의 이력은 쉽게 '성형'되지 않기 때문이다.

사랑하는
척하지 마세요

〈러스트 앤 본〉이라는 영화가 있다. 사랑 영화이긴 한데 상당히 불편한 사랑 영화다. 달달하기보다는 맵거나 쓴맛에 가까워서 일반적인 로맨스물과는 거리가 있다. 사랑을 다루는 접근 방식 자체가 그렇다. 달콤하게 포장하거나 애달픔을 호소하지 않는다. 사랑의 본질이 그런 데 있지 않음을 역설한다.

두 남녀 주인공은 인생의 나락에 떨어진 채 서로를 만난다. 해양공원의 범고래 조련사인 여자는 그 범고래에게 물려 다리가 잘리고, 길거리 복서와 나이트클럽 가드를 전전하던 남자는 존재도 모르던 아들의 갑작스러운 출현으로 양육을 떠안게 된다. 여자는 다리를 잃은 뒤 삶에 대한 애착을 완전히 내려놓게 되고, 남자는 아들을 맡은 뒤 생계 문제가 목줄처럼 조여오던 찰나였다. 그런 처지로 두 남녀는 만나 서로에게 빠진다. 아니, 빠진다는 말도 사치에 가깝다. 눈이 번쩍 뜨일만한 로맨틱한 순간도 없었고 남들 다 하는 달콤한 고백 같은 건 더더욱 없었다. 그저 서로의 남루한 현실을 지켜보고, 그 비참한 심정을 나누고 보듬어 안다가 어느 순간 그게 사랑이 된다. 상대의 고통스러운 생 자체에 그대로 스며든다. 남자는 여자의 다리가 되어주고, 여자는 남자의 영혼이 되어준다.

그들은 서로의 장점을 보고 사랑을 시작하지 않았다. 오히려 단점을 직시하고 그걸 받아들이는 데에서 사랑을 시작했다. 상대의 어두운 현실마저 내 삶의 영역으로 끌어안을 수 있는 용기, 거기에서 사랑이 완성되고 있었다. 작품은 그것이 진정한 사랑이고 비루한 생을 견디게 해주는 원동력이라고 힘주어 말한다.

현실의 많은 연인은 사랑의 우선순위를 그런 데 두지 않는다. 서로의 장점을 보는 데서 시작해 장점이 사라지면 식어가는 패턴이다. 프랑스의 천재 작가 알랭 드 보통은 이런 현상을 소재로 자주 글을 썼다. 상대의 장점을 발견해가며 사랑을 키우다가 더 이상 찾아낼 게 없으면 사랑이 조금씩 소멸해간다고 말이다. 상대에게 장점이 많고 단점이 적어야 사랑이 오래 유지되기 때문에, 인간이 가진 보편적인 단점마저도 상대에겐 없을 거라는 믿음까지 갖게 된다고 설명했다. 좀 더 쉬운 표현으로 설명하자면 바로 이 단어다.

'콩깍지'

하지만 〈러스트 앤 본〉의 주인공들은 그렇지 않았다. 애초에 그런 게 눈에 씰 만한 삶의 여유도 없었거니와 콩깍지로 덮기에는 서로의 단점이 넘쳐났다. 아니, 장점이라고 내세울 만한 것 자체가 없었다고 봐야 할 것이다. 오히려 그런 것들이 완전히 배제되었기에 진짜 사랑이 시작되었다. 서로를 다른 어떤 '조건'도 아닌 '존재' 그 자체로 받아들였기에 비로소 깊은 사랑이 움틀 수 있었다.

남녀 간에 우발偶發되는 대부분의 사랑은 환상에서 시작해 환상이 깨지면 끝나고는 한다. 하지만 바로 그 지점에서, '환상이 깨진 그 지점에서' 시작되는 사랑만이 진정 불멸일 것이다. 그 대표적인 예로 자식을 향한 부모의 사랑을 들 수 있다. 자식에 대한 사랑은 현실의 고달픔을 직시하는 데에서 시작한다. 양육이 빚어내는 갖은 고통을 마주하면서도 애정이 식지 않음을 스스로 깨닫는 데에서 진정한 사랑이 완성된다. 누구든 아이를 낳아 기르며 조건 없는 사랑에 눈뜨는 순간, 사랑이란 기대나 바람, 소유, 보상 같은 것들과는 애초에 함께하지 않음을 깨닫게 된다.

사랑이란 아이러니다. 남녀의 통상적인 사랑만이 진짜 사랑이라고 주장하려면 당신의 연인이 자기 행복만을 찾아 홀연 떠나갈 때, 당신의 관심과 구애로부터 가차 없이 눈길을 돌릴 때, 그 순간에도 일말의 원망 없이 그 선택을 지지할 수 있어야 한다. 사랑이란 영구불멸의 지지이기 때문이다. 그러나 현실에서 그걸 실천하기란 하늘의 별을 따는 것 같은 일이다. 우리는 상대가 나를 버리고 떠나갈 때 그 사람에 대한 지지를 신속히 철회하며 자기 살길을 찾는다. 그렇게 해야 하루라도 빨리 상처에서 벗어날 수 있기 때문이다. 이것이 바로 일반적인 연인들이 겪게 되는 사랑의 근원적 모순이다. 심지어 어떤 이는 복수를 꿈꾸기도 하고 집착으로 따라붙기도 하여 스토킹이나 폭력 같은 일탈을 자행하기도 한다. 그 어떤 것이든 결국은 자신의 사랑이 영구불멸의 진짜가 아니었음을 자인하고 마는 일이다. 최근 등장한 데이트폭력 방지 공익광고에도 이런 문구가 나온다.

"사랑하는 척하지 마세요."

사랑이란, '상대만 행복하다면 그 어떤 조건에서도 나 또한 행복하다'는 단순한 대명제 속에 있다. 왜냐면 상대의 행복을 바라는 마음이 사랑이기 때문이다. 그런데 현실에서는 대체로 상대가 행복해지겠다고 나를 떠나가면 나는 더 이상 행복하지 않다. 상대가 행복해졌으면 그걸 보는 나도 행복해야 하는데 오히려 불행을 느낀다. 결국 사랑은 자가당착에 빠지고 소멸의 길로 들어선다.

그 경지…… 상대의 행복을 위해 내 희생조차 행복으로 승화시키는 경지를 현실에서는 그리 쉽게 볼 수 없다. 적어도 연인 간에는 그렇다. 참사랑은 '가지고 싶다'는 욕망과 정반대의 길을 간다. 내가 준 만큼 받아야겠다는 보상심리와는 더더욱 공존할 수 없는 차원이다. 버림받는다고 해서 비탄에 잠기거나 배신당했다고 증오에 사로잡히는 사랑은 애초부터 진짜일 수 없다. 그 사람이 내 것이 아니라고 해도, 곁에 둘 수 없는 존재라고 해도, 그 존재 자체만으로 고마운 것이 진짜 사랑이다. 자식에 대한 부모의 사랑은 그렇다. 동서고금을 막론하고 그래왔다. 남녀 간이라 해도 원론적으로는 마찬가지다. 모든 욕심과 집착을 도려낸 뒤에 흔들림 없이 남아 있는 뿌리만이 진짜 사랑으로 자라날 수 있다.

나이가 들수록 사랑은 부단한 노력으로 완성되고, 단기에 이룰 수 없다는 사실을 느낀다. 마음에 저절로 떨어지는 선물이 아니다. 그것은 남녀 간의 사랑이든 부모자식 간의 사랑이든 마찬가지다. 노력을 내려놓는 순간 사랑은 끝난다. 거꾸로 말해, 사랑을 버리고 싶다면 그 노력을 내려놓으면 된다.

노력의 강도가 점점 약해져도 사랑은 식는다. 시간이 지날수록 노력의 강도를 높여야 최소한의 사랑이라도 유지할 수 있다. 우리를 괴롭히는 수많은 현실 조건 앞에서도 끝내 상대를 온전한 사랑으로 끌어안으려면 오직 노력, 더 굳건한 노력이 필요하다.

너무 가까이도
너무 멀리도 아닌

가까운 사람에게서 부탁받았던 일 가운데 가장 난감한 일을 꼽자면 '주례'라고 하겠다. 결혼식 주례 말이다. 사회 아니고 주례. 마흔도 되지 않았을 때, 첫 주례 부탁을 받았으니 난처함은 이루 말할 수가 없었다. 주례를 부탁한 신랑과도 몇 살 차이가 나지 않을 뿐더러, 턱없이 일천한 내 연륜을 가지고 주례를 본다는 것 자체가 부끄러운 일이었다. 그래서 거절했다. 여러 차례에 걸쳐 사양하고 또 사양했다. 하지만 신랑은 포기하지 않았다. 쉽게 포기하는 사람이 아니었다. 그는 격투기 선수이자 지도자인 이재선 감독이다. 끝까지 사양할 수 없게끔 그럴듯한 이유를 여럿 들이밀었다. 영화 〈대부〉의 대사처럼 "거절 못 할 제안", 아니 '거절 못 할 부탁'이었다.

무엇보다 그는, 남들 하는 것마냥 뭔가 형식적인 주례에 자기 앞길을 맡기고 싶지는 않다고 했다. 평소 잘 알지도 못했거나 교류나 왕래도 없던 어른을 찾아가 부탁하는 건 너무 '주례를 위한 주례' 같다고 했다. 자신이 진정으로 좋아하거나 믿고 따르는 인사가 아닌데, 그분에게서 미래를 좌우할 주례사를 듣는다는 게 뭔가 앞뒤가 안 맞는다는 생각이었다. 물론 대부분의 주례가 그렇듯, 사회적으로 명망이 높거나 인생 경험이 풍부하거나 부모님과 친분이 깊은 어른께 부탁하는 것도 분명 의미가 있다. 나 역시도 그런 분께 내 결혼식의 주례를 부탁드린 바 있다. 연륜에서 나오는 지혜라는 걸 결코 무시할 수 없는 법이다.

하지만 이 신랑은 생각이 달랐다. 좀 더 가까운 사람, 좀 더 믿고 의지하는 형 같은 사람에게 주례를 맡기는 게 소신이라고 나를 설득했다. 잘 알지도 못하는 사람에게서 듣는 주례사가 얼마나 살갑게 다가오겠냐는 호소도 덧붙였다. 격투가가 아니라 달변가였다. 생각 자체가 얼마나 혁신적인가. 나는 끝내 '케이오**KO**'를 당하고 말았다. 다른 걸 떠나서 개인적으로 너무 아끼고 좋아하는 동생이었다. 결혼 선물인 셈 치고 원하는 대로 들어주자 결심했다. 그리고 그 결심의 대가는 '엄청난 부담감'이었다.

주례사를 준비하는 과정부터 머리에 쥐가 났다. 다른 사람들의 훌륭한 주례사를 여럿 찾아봤지만 그런 식으로 따라할 수가 없었다. 일단 '자격' 자체가 안 되었다. 양가 부모님만 해도 나에게 아버지, 어머니뻘이고 하객들도 상당수가 나이 지긋하신 분들일 텐데, 그 앞에서 일반적인 주례 선생님처럼 공자 왈 맹자 왈 일장 연설을 할 수는 없는 노릇이었다.

그래서 고민 끝에 크게 두 가지만 이야기하기로 했다. 하나는 내가 '실제로 겪은' 신랑신부의 됨됨이에 대해 아는 범위 내에서 하객들에게 소개하자는 것이었고, 다른 하나는 두 사람에게 전해 주고 싶은 메시지를 '선각자들의 지혜를 빌려' 인용 형식으로 들려주는 것이었다. 언어 표현도 최대한 쉽고 겸손한 방식을 쓰려고 했다. 하객으로 참석한 양가 어른들 앞에서 어려운 이야기, 현학적인 수사, '있어 보이는' 표현으로 어쭙잖게 스스로를 높이고 싶지는 않았다. 높이려 한다고 높여질 리도 만무했다. 그렇게 해서 나온 주례사는 아래와 같다. 여기서 독자에게 소개하는 이유는, 이 주례사에 등장하는 신랑신부의 일화들이 충분히 공유할 가치가 있다고 믿기 때문이다. 아울러 주례사에 인용한 현자들의 가르침 역시 널리 공유하고 싶다는 욕심이 있다.

"먼저, 이 자리에 참석해주신 양가 부모님을 비롯한 여러 어르신들께 '송구스럽다'는 말씀부터 올려야 할 것 같습니다. 보시다시피 제가 주례치고는 너무 젊은 편이어서, 이 단상에 오를 때부터 의아하게 여기신 분들이 많으리라 봅니다. 물론 신랑 이재선 군보다는 연배가 조금 높고 인생 선배기는 하지만 여러모로 이 자리에 서기에는 연륜이 짧고 많이 부족한 것이 사실입니다. 그래서 신랑 이재선 군이 주례를 부탁했을 때 저는 극구 사양했습니다. 하지만 신랑과 이야기를 나눠보니 나름 뜻한 바가 있어 부족한 제게 주례를 맡겼다는 것을 알게 되었고, 그래서 끝내 거절하지 못하고 부득이 이 자리에 서게 되었습니다. 여러 어르신들께 다시 한번 심심한 양해를 구하겠습니다.

어떤 주례사를 해야 하나, 많은 고민을 했습니다만, 아무래도 '인생이 어떻고, 결혼이 어떻고' 주제넘게 이런저런 가르침을 말한다는 것은 예의가 아닐 것 같습니다. 그래서 오늘 주례는 제 개인적인 충고나 조언보다는, 신부 측 하객분들이 잘 모르시는 신랑에 대해서, 그리고 신랑 측 하객분들이 잘 모르시는 신부에 대해서, 그 됨됨이에 대해서, 제가 직접 겪어본 것들을 바탕으로 말씀드리는 내용이 되겠습니다. 그러고서 사랑과 결혼에 대한 선각자들의 소중한 격언 몇 마디를 신랑신부에게 전하는 것으로 마무리하겠습니다.

저는 신랑 이재선 군을 7~8년 전쯤 처음 만났습니다. 당시 이재선 군은 전도유망한 운동선수로 매스컴에 오르내리고 있었고, 저는 그의 팬이었습니다. 직접 만나게 될 거라곤 생각도 못 했는데, 훗날 우연히 기회가 주어졌고 그때부터 마음이 맞아 의형제처럼 지내왔습니다. 곁에서 지켜본 신랑은 TV에서 볼 때보다 더 좋은 사람이었고, 건실하고, 건강한 사람이었습니다. 꿈을 위해서 내달릴 줄도 알고, 좌절을 만나도 훌훌 털고 일어날 줄도 알고, 그러면서도 사랑하는 사람들을 챙길 줄 아는 순수한 청년이었습니다.

무엇보다 신랑의 긍정적인 인생관과 실패를 두려워하지 않는 의지를 보며 선배인 제가 오히려 배워야겠다고 생각했습니다. 그는 제게 어떤 면에서는 스승이었습니다. 일전에 신랑이 해외로 원정 훈련을 떠나며 후배 선수들에게 남긴 편지가 있습니다. 저 역시 감명을 받은 글이라 여러분께 소개해드리고자 합니다.

'항상 조금이라도 더 배우려고 애써볼 마음이다. 선수는 항상 훈련하고 있어야 한다. 좋은 일이 있든 나쁜 일이 있든 주변 사람들과 무슨 일이 있든 영향을 받아선 안 된다. 그래서 마음을 먼저 묶으라는 말이 있다. 절대로 그 자리에 멈추어서는 안 된다. 하루가 끝나도 지치지 않았다면, 피곤을 느끼지 않는다면, 게을렀다는 증거다.'

어떻습니까? 신랑 이재선 군이 얼마나 성실하고 의지가 강한 사람인지 여실히 보여주는 대목입니다. 하지만 아시다시피 신랑이 하는 이 운동이 결코 쉬운 일은 아닙니다. 운동 중에서도 가장 힘들고, 기복이 많고, 부상과 좌절에 부딪힐 일도 적지 않습니다. 그런데도 신랑이 그동안 흔들리지 않고 한길을 걸어올 수 있었던 것은 무엇보다 신부 박현정 양의 헌신과 믿음이 있었기 때문입니다. 두 사람은 대학 시절 처음 만나 지금까지 10년이 넘도록 서로를 한결같이 지켜왔습니다. 말이 10년이지, 요즘처럼 디지털이다 뭐다 즉흥적인 것들이 많은 세상에서 10년의 세월을 사랑으로 함께한다는 것은 결코 쉬운 일이 아닙니다. 더구나 '험한 길' 가는 연인의 곁을 욕심 없이 묵묵히 지키는 일은 그 자체로 존경받아 마땅합니다. 일전에 신부가 온라인상에 「격투가의 연인」이라는 글을 쓴 적이 있는데 여러분께도 꼭 소개해드리고 싶습니다.

'시합 결과가 좋을 때는 모두에게 축하받을 수 있도록 나는 한 발 뒤로 물러서고, 결과가 나쁠 때는 남들 몰래 나에게 기댈 수 있도록 한 발 더 가까이 다가가는 것이 나의 할 일이다. 결과가 좋든 안 좋든, 우리는 말하지 않고 그냥 바라만 보아도 다 알 수 있는 사이다.'

어떻습니까? 신부는 정말이지 저의 주례사가 필요 없을 만큼, 누군가의 동반자가 될 자격조건, 그 마음가짐을 이미 충분히 갖추고 있습니다. 결혼과 연애의 조건에 있어 '물질적인 것, 자극적인 것'을 중시하는 요즘 세대가 본받아야 할 귀감이라고 생각합니다.

이렇듯 신랑신부가 워낙 훌륭한 청년들이라 주례인 제가 감히 뭐라 조언할 말이 마땅치 않습니다. 그래서 저보다 깨달음이 높은 분들의 말씀 몇 마디를 대신 전하는 걸로 오늘의 주례사를 갈음하고자 합니다.

법정 스님께서는 『맑고 향기롭게』 회보 2005년 4월호에 이런 말씀을 남기셨습니다.

'아무리 좋은 사이라도 늘 한 데 어울려서 치대다 보면 범속해질 수밖에 없다. 습관적인 만남은 진정한 만남이 아니다. 너무 가까이도 아니고 너무 멀리도 아닌 알맞은 거리에서 서로를 애틋하게 바라보고 그리워할 수 있는 그런 은은함이 있어야 한다.'

철학자 칼릴 지브란도 『예언자』라는 책에서 같은 맥락의 이야기를 합니다.

'그대들이 함께할 때 어느 정도의 빈 공간이 있도록 하라. 서로 사랑하되 너무 집착하거나 구속하지 마라. 두 사람 사이에 출렁이는 바다가 있고 천국의 바람이 불 정도의 틈과 여백은 있어야 한다.'

신랑신부는 생각이 깊은 사람들인 만큼 이 말이 전하는 뜻을 잘 헤아리리라 믿습니다. 서로 사랑하고 아껴주되, 가두려 하지 말고, 각자의 공간을 존중하며, 깊은 신뢰로 서로를 바라보라는 이야기입니다.

모쪼록 지금까지의 10년보다도 훨씬 더 긴 앞으로의 동행에 '천국의 바람'과 '출렁이는 바다'가 함께 어우러지기를 빕니다. 부족한 주례사는 이것으로 마치겠습니다. 고맙습니다."

무엇이
성공한 삶인가

경제적으로 성공한 사람 가운데, 금세기 가장 대표적인 인물이 워런 버핏이다. '가치 투자'의 대가인 그는 2018년 기준으로 96조 원 정도의 재산을 보유하고 있다. 그것도 해마다 가진 돈의 상당 금액을 뭉텅뭉텅 기부하고 남은 돈이 그 정도다. 주가지수만 좀 올라주면 100조 원을 돌파하는 것도 하루아침이면 가능하다. 그런 그가 언젠가(10여 년 전) 자신의 '절친'인 빌 게이츠와 함께 미국의 한 대학(네브라스카 대학)에서 학생들과 간담회를 가졌는데, 그는 "성공의 조건을 무엇이라 생각하세요?"라는 질문을 받자 다음과 같이 답했다.

"소위 성공했다는 사람들 가운데 이 나이가 되도록 정작 가까운 이들에게서 사랑받지 못하는 경우가 많습니다. 그건 성공한 인생이라 할 수 없죠. 진정한 성공이란, 늙어도 주변 사람들이 떠나지 않는 것입니다. 저는 엄청난 부자에, 자기 이름을 붙인 학교까지 세운 사람들을 알고 있습니다. 남부러울 것 없이 보여도, 그를 진심으로 생각해주는 사람이 주변에 한 명도 없는 경우도 있습니다. 저는 각계각층의 사람들을 두루 만났는데 많은 분들이 '가까운 이들에게서 사랑받는 것'을 성공의 조건으로 꼽았습니다."

사실 워런 버핏보다 먼저 답변을 한 건 옆에 있던 빌 게이츠였는데, 그가 말하는 성공은 더 간단했다.

"가정을 잘 꾸리는 것이죠."

'돈'을 성공의 기준으로 잡는다면 두 사람은 그 정점을 찍고도 남을 텐데 성공의 기준을 정작 다른 쪽에다 두고 있었다. 그들은 성공을 멀리서 찾을 게 아니라 가까운 곳, 소중한 사람들과의 관계에서 찾아야 한다고 생각하는 모양이었다.

우리는 성공의 가늠자를 엉뚱한 곳에 맞추고 내달리다 정작 소중한 것들을 놓쳐버리는 경우가 많다. 출세를 위해 모든 걸 바치다가 가족이라든가 사랑하는 사람을 잃게 된 사례는 동서고금을 막론하고 문학과 TV 드라마의 단골 소재다. 건강은 또 어떤가? 세속적 성공만을 추구하다 마지막 순간 건강이 무너지는 바람에 모든 걸 다 잃고 마는 일도 허다하다. 어떤 경우든, 그런 식의 말로를 맞는다는 건, 이도 저도 얻지 못한 허망한 생에 지나지 않는다.

하지만 이런 이야기도 조금 추상적인 면이 있다. 가족, 건강, 사랑…… 맞는 말이긴 한데, 사람에 따라서는 그 역시 '뜬구름 잡는' 이야기로 들릴 수 있다. 누구에게나 좀 더 확실하게 와 닿는 성공의 개념은 없을까?

나는 '덕후(일본어 '오타쿠御宅'를 한국식으로 발음한 '오덕후'의 줄임말로, 어떤 분야에 몰두하여 전문가 이상의 열정과 흥미를 가지게 된 사람이라는 긍정적인 의미로 사용된다)'라는 신조어를 접할 때마다 성공의 개념이 어렴풋이 연상되고는 한다. 이미 두 단어의 합성어까지 등장했다. '성덕', 즉 '성공한 덕후' 말이다. 덕후와 성공. 과연 무슨 함수관계가 있을까?

유시민 작가는 그의 책 『어떻게 살 것인가』에서, 성공의 조건으로 '좋아하는 일을 하는 것'을 강조한 바 있다. 무엇이든 좋아하는 일을 잘하는 사람은, 일을 하면서도 행복을 누릴 수 있고, 그것이 곧 성공한 삶이라는 논리다. 전적으로 공감한다. 일반적으로 일을 할 때 즐겁고 행복하기가 쉽지 않다. 일이란 곧 괴로움의 상징이기도 하다. 하지만 좋아하는 분야가 자신의 생업과 일치하면, 일을 하는 순간 자체가 행복해진다. 사실 그 이상 성공한 삶이 어디 있겠는가. 그래서 이른바 '덕후'의 삶은, 특히 '성공한 덕후'의 삶은 일종의 로망 같은 것이기도 하다. 하고픈 일을 하면서 사는 것, 좋아하는 일을 하여 내 삶이 더 '좋아지게' 만드는 것, 그것은 인간이 다다를 수 있는 인생 최고의 경지일지도 모른다. 물론 아무나 갈 순 없다. 무언가 하나를 승부수로 던지고 생을 오롯이 거기 걸어야 기대할 수 있는 경지다. 또는, 그때그때 마음이 이끄는 대로 어디든 주저 없이 발걸음을 디딜 수 있어야 가능한 일이기도 하다. 무엇보다 용기가, 그다음으로 행동이 필요한 일이다.

나는 이런 사람들을 몇몇 알고 있다. 기자로 살았기 때문에 노숙인부터 재벌, 대통령까지 두루 만나봤지만, 여기서 소개하고픈 성공한 삶은 일단 그런 사례들은 아니다. 우선 내가 잘 아는 가까운 사람들 가운데서 떠올려보았다. 워런 버핏이라고 해봤자 내가 직접 만나본 적이 없으니 솔직히 말하면 그가 정말로 '성공한 삶'을 사는지는 확언할 자신이 없다.

내가 직접 지켜본 성공한 삶, 특히 '성공한 덕후'의 삶을 사는 사람으로는 먼저 김대환이 있다. 대중들에게는 UFC 해설위원으로 익숙한 사람이다. 지금은 해설을 그만두고 아시아 최대 MMA**Mixed Martial Arts** 스포츠 단체인 '로드FC'의 대표 경영인 CEO을 맡고 있다. 개인적으로 호형호제하는 사이이자, 아내의 초등학교 동창이기도 해서, 그가 살아온 길을 누구보다 잘 알고 있다. 김대환의 일생을 보면, 그야말로 '성덕'의 완성판을 보는 것 같다. 원래는 한국외국어대학교에서 아랍어를 전공한 재원이었다. 어학연수 한 번 가지 않고 영어를 독학으로 통달한 노력파이기도 하다(그는 해설위원 시절 속사포 같은 UFC 현지 중계나 인터뷰를 동시통역하기도 했다). 이른바 '엄친아' 소리를 들을 만했던 그가 격투기에 빠진 건 순전히 취미로써였다.

본인이 좋아서 학창시절 유도를 배우고 킥복싱 도장에 다닌 게 계기가 되었다. 그는 국내에 아직 격투 스포츠가 도입되기 전인 1990년대 후반부터 홀로 외국의 시합자료나 영상 같은 걸 모으기 시작했다. 그걸 블로그에 게재하고 칼럼을 쓰기도 했다. 봐주는 사람은 별로 없었지만, 어쨌든 그는 '국내 유일'의 격투 스포츠 정보통이 되어가고 있었다. 그러던 어느 날 한국에도 격투기 중계가 시작되자 방송사들은 그를 찾기 시작했다. 전문적으로 '썰'을 풀어줄 사람이 김대환 말고는 거의 없던 시절이었다. 그렇게 그는 방송에 데뷔했다. 순전히 본인이 좋아서 열심히 덕질을 했을 뿐인데 어느 순간 그것이 갑자기 '빛'을 발하게 되었다.

그의 입지는 독보적이었다. 많게는 한꺼번에 서너 개 대회의 중계를 맡기도 했다. 격투 스포츠를 방송하는 채널마다 '김대환 모셔가기' 전쟁이었다. 그러자 그는 해설을 좀 더 잘하고 싶다며 새로운 경험에 도전한다. 선수로 데뷔한 것이다. 김대환은 "실제로 시합을 해봐야 해설도 체계적으로 할 수 있다"며 종합격투기 시합에 직접 뛰어들었다. 단순히 데뷔를 한 정도가 아니라 몇 년 뒤에는 아예 일본 단체의 미들급 챔피언 자리까지 오른다. 해설가 일을 병행하면서 말이다.

그뿐만이 아니었다. 본인 이름을 내건 체육관도 차려 후진을 양성했고, 생계를 위해 해오던 영어학원 강사도 한동안 겸직했다. 두 아이 아빠로서 육아도 분담했다. 그러니까 말하자면 가사, 영어 강사, 체육관 운영, 격투기 선수, 해설위원…… 이 모든 일을 한꺼번에 했다는 이야기다. 놀라운 집중력이었다. 비결은 '좋아서 한다'는 것이었다. 그야말로 오타쿠 중의 오타쿠였다. 양복을 차려입고 로드FC 생방송 해설을 하다가 자기 시합 차례가 되면 옷을 벗고 케이지로 올라가 직접 경기를 치르기도 했다(전 경기 KO승이었다). 경기가 끝나면 곧바로 다시 정장을 찾아 입고 자리로 돌아와 생중계 해설을 이어갔는데, 그 모습은 누구도 범접할 수 없는 어떤 궁극의 경지였다.

그런 그의 열정과 전문성, 성실성을 눈여겨 보아온 로드FC 창립자 정문홍 전 대표는 2017년 그에게 CEO 자리를 넘겼다. 돈을 받고 매각한 게 아니라 대가 없이 경영권을 일임했다. 그만큼 믿었기 때문이다. 정 전 대표 역시 '성덕'으로서의 김대환의 가치를 확실히 알고 있었다. 이로써 김대환은 선수로서도, 지도자로서도, 해설가로서도, 경영자로서도, 모든 분야에서 정점을 찍고 인생의 전성기를 구가하고 있다. 자기가 좋아하는 분야에서 한 우물만 판 게 원동력이었다. 그저 마음이 이끄는 대로, 원하는 걸 하고 살았던 것이 훗날 축복이 되어 그에게 돌아왔다.

물론 부수적인 요인들이 있었다. 어쩌면 전제조건일지도 모르겠다. 그것은, 김대환이 가진 특유의 선한 심성과 성실성이다. 그를 아는 사람들은 누구라도 이렇게 말한다. "김대환은 법 없이도 살 사람"이라고. 무언가를 좋아하되 '착하고 성실하게' 임하는 것,

그것이 많은 이들을 감동시켰고, 그가 독보적인 입지를 다지는 데 결정적인 힘이 되었다. 그래서 그에겐 '성공한 덕후의 완성판'이라는 수식어를 붙일 수 있다.

김대환 대표를 보면 앤드루 매슈스가 한 말이 생각난다. 그는 자신의 책 『마음 가는 대로 해라』에서, 부지런히 운동하고 공부도 하고 사람도 사귀면서 최대한 노력한다면 반드시 좋은 일이 생긴다고 했다. 그 하나하나의 행동 항목에 좀 더 확실한 수식어 하나만 덧붙이자면 그것이 바로 '좋아서'일 것이다.

학교 후배 정나리는 연세대학교 최초의 여성 총학생회장이었다. 연세대학교뿐만 아니라, 여대를 제외하곤 전국 모든 대학을 통틀어 '국내 첫' 사례였다. 여학생이 총학생회장으로 선출된다는 것이 지금이야 새로울 것도 없지만 당시(1990년대 말)만 해도 신선한 충격이었고, 사회에 파장을 던지는 사건이었다. 언론의 집중 조명이 쏟아졌다. 정치권에서 눈독을 들인다는 이야기도 들렸다. '타이틀'이 너무도 좋았기 때문이다. 학생운동가 출신 여성 최초의 총학생회장. 어디서 '모셔가도' 이상할 게 없는 수식어였다. 국립여성사전시관에서 각계 '여성 1호'를 주제로 특별전이 열렸을 때 국내 최초의 여성 총리 한명숙, 최초의 우주인 이소연 등과 함께 나란히 전시되기도 했다.

그런데 그의 다음 행보가 세간의 예상을 뒤엎었다. 졸업 후 그는 유수의 기업체나 사회 · 시민단체, 정당 같은 데로 가지 않고 난데없이 음악을 공부하기 시작했다. 서울재즈아카데미에 들어가 재즈피아노와 작 · 편곡을 배우더니 아예 대학원으로 진학해 영화음악 석사학위를 땄다. 그러고는 또, 그 스펙을 가지고 학계나 영화음악계로 간 게 아니고 홍대 앞 인디뮤직에 투신했다. 밴드 '한음파'에 들어가 건반 연주를 하고 음반도 냈다. 다른 밴드들을 위한 공연기획과 매니지먼트까지 맡았다.

음반 홍보를 하러 뛰어다니고 방송국과 공연장으로 젊은 음악인들을 실어 나르며 로드 매니저 역할도 했다. 그런 그의 손을 거친 밴드가 '킹스턴 루디스카'와 '허클베리핀' 등이다. 또 어느 날은 뜻을 함께하는 음악인들과 의기투합해 국내 최초의 '뮤지션유니온(노동조합)'을 세상에 내놓기도 했다. 그 단체는 법적인 공식 노동조합으로 등록했고 지금도 활동 중이다.

이 모든 일의 공통점은 두 가지였는데, 하나는 돈이 별로 안 된다는 것, 다른 하나는 그가 '좋아서' 한다는 것이었다.

그렇게 홍대 음악계에서 종횡무진 활약하더니, 어느 날 갑자기 삶의 무대를 제주도로 옮겼다. 서울에서의 모든 걸 정리하고 홀연 제주로 이주하였다. 언젠가 제주에서 살아보고 싶다던 막연한 꿈을, 또 망설임 없이 실행으로 옮기고 만 셈이다. 하여간 그는 하고 싶은 것, 좋아하는 것은 다 '해봐야' 직성이 풀리는 듯했다. 제주에서도 한동안은 음악에 주력하는 것 같았다. 밴드 '스왈로우'에 합류해 섬 곳곳을 돌며 공연했고 강정마을 해군기지나 4·3 관련 행사가 열리면 두 발 벗고 달려가 연주를 했다. 부족한 생계는 학원 강사나 과외 일 등을 통해 보충했다.

그런데 그는 거기서 멈추지 않았다. 어느 순간 또 새로운 분야에 도전하는 모습이 목격되었다. 이번에는 요리였다. 원래부터 음식 만드는 데 취미가 있긴 했다지만 그걸 또 업으로 삼을 줄은 주변 사람들 아무도 몰랐다. 그녀는 제주에서도 바다가 아름다운 월정리 해변에 버려지다시피 한 작은 창고를 임대해 손수 예쁜 밥집을 차렸다. 테이블이 몇 개 되지 않는 작은 식당이다. 전문 메뉴는 닭곰탕. 젊은 여행객들이 혼자 들러서 밥 한끼 뚝딱 하고 갈 수 있는 만만하고 편안한 식당이다. '월정곰닭'이라는 간판을 내건 이 가게는 이제 제주에서 제법 알아주는 혼밥의 성지가 되었다.

명문대생에서 학생운동가로, 최초의 여성 총학생회장으로, 인디밴드 연주자로, 매니저로, 공연기획자로, 뮤지션 노동조합 운영위원으로 다채로운 삶을 살았던 그는 이제 매일 새벽 제주의 바닷바람을 쐬며 자기만의 작은 식당으로 출근한다. 손수 가게 문을 열고 육수를 끓이는 일로 하루를 시작한다. 그러다 보면 창 너머 먼바다에서 붉은 해가 솟는 풍경도 볼 수 있다고 한다. 그 새벽 바다의 장관이 하루하루 그녀의 가슴을 뛰게 했으리라.

손님들이 찾아와 밥그릇을 깨끗하게 비우면, 그것도 행복이라고 했다. 인스타그램에 올라오는 '사발 클리어' 인증샷은 그녀를 가장 기쁘게 하는 것들 중 하나다. 그야말로 소소하고 확실한 행복, '소확행'의 실천이 아닐 수 없다. 식당 문을 늦게까지 열어두지도 않는다. 해지기 전 영업을 마치고 그때부터는 오롯이 자기 시간이다. 이른바 '워라밸'의 표상이기도 하다. 여름이면 퇴근길에 곧장 파도치는 바다로 뛰어들어 수영을 즐기기도 한다. 홀로 바다의 품에 안긴 채 떨어지는 해를 보며 벅찬 낙조를 만끽한다고 했다. 그 순간 다른 어떤 것도 필요치 않은 완벽한 '충만', 그 자체를 누리는 것이다.

내가 보기엔 그녀도 제법 성공한 삶을 살고 있다. 그가 총학생회장을 마치고 어딘가의 러브콜을 받아 주류사회로 진입했다면 거기서도 어떤 식으로든 성공했을지 모른다. 어쩌면 지금쯤 '금배지'를 달고 있거나 청와대 비서관실 같은 데 있을지도 모를 터…… 하지만 이 단락에서 말한 '성공의 기준'이라는 게 본인의 자족과 즐거움에 있다면, 그녀는 지금 최고로 성공한 최상의 삶을 살고 있다. 큰돈 벌어가며 여유롭게 사는 건 아닐지라도 그녀 스스로 '좋아하는' 분야에서 '하고 싶은' 일을 하는 것, 그거면 충분하다고 했다. 그래서 그녀의 드라마틱한 모든 삶의 여정은 단 하나의 연결고리로 이어진다. 바로 '좋아하는 일을 즐기면서 하는 것', 그것이다.

마크 트웨인의 명언 가운데 이런 말이 있다.

"20년 후에 돌이켜보면 '했던' 일보다 '하지 않았던' 일들을 더 후회하게 될 것이다."

성공은 결국 후회를 줄이고 시도를 늘림으로써 조금씩 완성해가는 것 아니겠는가. 성공한 덕후의 삶에는 공통되게 그런 태도가 뿌리내리고 있다.

말이라는 빚

근래 젊은 남자 연예인들의 단톡방 하나가 구설에 올랐다. 아니, 구설 정도가 아니라 재판에 오르게 된 사안이다. 여성과의 사적인 관계가 담긴 영상을 대화방에 올려 버젓이 공유했다. 물론 상대 여성은 상상도 하지 못한 일이다. 누구랑 잤고 누구는 어떻고, 자기들끼리 '품평'까지 했다고 한다. 영상은 그 자체로 불법이고 발언들도 도덕적으로 실형감이다. 제기된 의혹들이 모두 사실이라면 그야말로 '역대급' 추악한 범죄가 아닐 수 없다.

이 사건이 불거지자 이번에도 '네티즌 수사대'가 출동했다. 대화방에 참여했던 연예인들의 과거 발언들까지 샅샅이 뒤지기 시작했다. 예능 프로그램 등에서 했던 각종 발언들을 모아 일종의 퍼즐을 완성해갔다. 과거에 내뱉은 말들을 통해 그 인물의 근본을 유추하려 한 것이다. 기본 성품을 가늠케 해줄 각종 근거 자료들이 쏟아졌다. '음란, 방탕, 문란' 등을 연상시키는 정황 증거들을 줄줄이 찾아냈다. 관련 발언들을 종합해 결론은 하나로 귀결되었다. "떡잎부터 그랬네."

그 사건의 주인공들은 과거 자신이 아무 생각 없이 했던 말들이 그런 식으로 발목을 잡을 거라곤 상상도 못 했을 것이다. 하긴 단톡방에서 배설한 그 이야기들도 세상에 알려질 거라곤 생각 못 했겠지. 일단 한번 파문이 일기 시작하자 그다지 유명하지 않은 프로그램에서 했던 발언들까지 소환되었다. 그 자체로 '증거물'로 채택되어 여론재판정 위에 올려졌다. 그것들을 어떻게나 일일이 찾아냈는지, 새삼 '네티즌 수사대'의 위엄이 느껴지기까지 했다.

발언의 주인공들은 아마도 무서움 같은 걸 느꼈을 테지. 사이버 공간에서, 혹은 방송 전파에서 소멸되어 사라진 줄 알았겠지만, 그 모든 말들은 결국 본인에게로 다시 돌아왔다. 말이란 바람을 타고 날아가 허공으로 사라지는 것이 아니다. 운명처럼 회귀해 자신을 옥죄고 말았다. 말 한마디로 천 냥 빚을 갚는다고들 하지만, 그들은 말 한마디로 천 냥 빚을 지고 말았다.

말은 결국 업이다. 말은 빚이다. 영화 〈내부자들〉에서는 말을 힘이요, 권력이라고 했지만, 힘이고 권력이고 결국 다 업이다. 자신의 말로 남의 인생에 조금이라도 영향을 끼쳤다면 이는 그 자체로 업보가 될 수밖에 없다.

트럼프 미국 대통령과 김정은 북한 국무위원장이 1~2차 정상

회담을 준비하면서 각종 '메시지'를 주고받을 때, 어떤 언론은 그것을 "말의 성찬"이라 표현하기도 했다. '성찬'이라는 문구가 들어갔으니 얼핏 좋은 표현처럼 들리기도 하지만, 솔직히 말하자면 '말만 많다'는 이야기나 다름없다. 트럼프 대통령은 걸핏하면 트위터에 글을 올려 "훌륭한 진전을 이루고 있다." "잘 되고 있다." "멋진 결과가 나올 것이다!" 광고했지만 실적은 그렇지 못했다. 1차 회담은 큰 알맹이 없이 마무리되었고, 2차 회담은 아예 깨졌다. 김정은 위원장도 관영 매체를 통해 온갖 청사진을 쏟아내고 트럼프에게 친서까지 보내며 '말 외교'를 펼쳤지만, 그 역시 2차 회담까지 별 성과를 내놓지 못했다. 얼마나 많은 장밋빛 수사들이 두 사람 사이를 오갔던가? 그러나 그 말의 잔치가 실제 과실로 이어지지 못하자 여론은 급속히 식어버렸다. 기대만큼이나 실망이 컸기 때문이다. 트럼프와 김정은은 전 세계를 상대로 일종의 빚을 진 셈이다. 말로 기대감을 끌어올린 만큼의 빚 말이다. 말의 잔치가 빚잔치가 되고 말았다.

회담이 결렬되고 며칠이 지나자 폼페이오 미 국무부장관 입에서는 이런 이야기가 나왔다. 어느 기자회견장에서였다. "말이야 쉽지요."

그 말에는 무슨 뜻이 담겼겠는가? 북한이 말만 하고 실천을 하지 않았다는 볼멘소리기도 했지만, 동시에 북미 양측 모두가 '말잔치'만 했다는 데 대한 자성일지도 모른다. 일종의 부채의식이라고 할 수도 있겠다. 비핵화에 대한 공언公言은 공언空言이 되었고, 그건 그대로 빚으로 남았다. 트럼프는 미국 국민들에게 큰 빚을 진 셈이고, 김정은도 기대하던 북한 주민들에게 꽤 무거운 빚을 지고 말았다. 두 사람의 만남을 숨죽이며 지켜봤던 전 세계 사람들이 다 채권자다. 결국 폼페이오는 이런 말을 덧붙였다. "이제는 오로지 행동에만 가치를 둘 겁니다."

더는 말빚을 지고 싶지 않다는 선언으로 들렸다. 그러더니 북미 양국은 결국 올여름 그 '행동 우선주의'를 몸소 실천해 보였다. 판문점에서 두 정상이 '번개 회동'을 가진 것이다. 기존의 1, 2차 정상회담 때처럼 잔뜩 예고를 늘어놓고 군불을 지피고 그런 과정 없이 "만날래?" "만나자!" 하더니, 이 정도 선에서 말을 끝내고 곧바로 행동으로 이어졌다. 아마도 하노이에서의 2차 회담 실패 이후 그 '말빚'에 대한 부채의식이 두 사람을 '판문점 회동'으로 과감하게 이끌었을 것이다. 결국, 말로 쌓은 빚이란 언제 어떻게든 풀어야 할 업보로 남는 것인가 보다.

법정 스님은 자신이 남긴 그 보석 같은 글들조차 다 '말빚'이라며 입적 당시 저서 일체를 절판해달라고 당부하기도 했다.

"그동안 풀어놓은 말빚을 다음 생으로 가져가지 않겠다. 내 이름으로 출판한 모든 출간물을 더 이상 출간하지 말아주기를 간곡히 부탁한다."

마지막 유언으로 알려진 내용이다. 이 생의 업을 다 털고 가기 위해 그 빛나는 말과 글조차 더 이상 재생하지 말 것을 당부하였다. 사실 활자나 입으로 내뱉은 말은 어떤 식으로든 빚이 될 공산이 크다. 당대의 큰스님조차 그렇다 하시는데 우리 같은 범부들이야 오죽하랴. 그런데 요즘 시대가, 이 사회의 유행이, 우리로 하여금 더 많은 말빚을 지게끔 돌아간다.

트위터니 페이스북이니 인스타그램이니 유튜브니 각종 SNS가 확산되어 우리는 말의 성찬 속에서 살아간다. 저마다의 삶을 마치 중계하듯 게시물로 쏟아낸다. 카카오톡 같은 메신저를 통해서 쉬지 않고 수다를 떨기도 한다. 말은 온라인이라는 공기 속에 포자처럼 날아다니고 언제 어디든 가볍게 내려앉는다. 그 즉시성에 익숙해지다 보면 숙고의 과정도 점점 생략하게 된다. 예전 '2G' 시대의 문자 메시지나 미니홈피 방명록만 해도 최소한의 고민과 숙고의 과정을 거쳐 한마디 한마디 남기곤 했다. 하지만 오늘날의 SNS나 메신저들은 그때보다 무게감이 줄어든 느낌이다. 생각은 빛의 속도로 말이나 글로 옮겨지고 거기에는 또 빛의 속도로 '좋아요'와 댓글이 따라붙는다.

요즘은 연애도 그런 식으로 전개되는 일이 많다고 한다. 오프라인 만남보다 SNS를 통해 서로를 알아가고 교류하는 비중이 커졌다. 상호 교감을 싹 틔우는 과정에 있어 온라인에서 오가는 말들이 대면 접촉보다 큰 역할을 하기도 한다.

이런 것들이 등장하기 전, 휴대전화도 인터넷도 없던 시대의 연애는 지극히 느려터진 아날로그 방식이었다. 밤을 새워 고치고 또 고쳐 쓴 편지를 떨리는 손으로 우체통에 넣으면, 그것이 요즘으로 치면 '카톡 한 줄, 이모티콘 하나'의 고백인 셈이었다. 전송 버튼만 누르면 즉시 배달되고, 상대가 확인하면 '1' 표시가 사라지는 메신저와 달리, 당시의 편지는 대체 언제 상대 집에 도착할지, 도착하면 부모님 검열을 거쳐 무사히 상대의 손에 안착할지, 도무지 확인할 길이 없었다. 그저 기다림뿐이었다. 그 시간의 '묵힘', 그것이 어쩌면 사랑을 더 애달프게 키우고 깊이감 같은 걸 더해주었는지도 모른다.

편지를 보내고 몇 날 며칠 몇 주가 지나도 아무 연락이 없으면 마음속은 더 복잡해진다. '받긴 받은 건가? 받았다면 왜 답이 없는 걸까?' 요즘처럼 'DM'으로 즉시 물어볼 수도 없고 상대가 남긴 SNS 게시물을 통해 근황을 유추할 수도 없었다. 그렇게 오롯이 혼자 애를 태우다 보면 유발되는 현상 가운데 하나가 자성自省이다. 자기 성찰 말이다.

'내가 너무 성급했나? 경솔했나? 부적절한 글을 써재낀 건 아닌가? 아니, 나란 사람 자체가 그에게 부적절한 인간 아닌가?'

온갖 상상의 나래를 펼치다 보면 그렇게 겸허해질 수가 없다. 인간은 소통과 교신이 어려워지면 그 답답한 시간 속에서 자신을 찬찬히 돌아보게 된다. 상대의 사소한 반응이라도 간절히 기다리게 되고, 그 반응 하나하나에 지극히 세심하게 귀를 기울이게 마련이다. 커뮤니케이션이 진중해질 가능성이 높다. 사실 너무 쉬운 교신은 '경박'이라는 함정에 빠질 수 있다. 감정에 휩쓸려 즉흥적으로 메시지를 보내놓고 후회하는 사례가 얼마나 많은가? 주워 담을 수 없는 말은 아무리 '이불킥'을 차봤자 수습이 안 된다. 반면, 전달 자체가 어려웠던 옛 편지는 쓰는 사람으로 하여금 한 자 한 자의 의미를 더 깊이 들여다보게 하고 교신의 가치에 대해서도 다시금 돌아보게 했다. 그 옛날 전쟁터에서 보내온 군인들의 편지가 하나같이 절절했던 이유다.

목소리 대화도 마찬가지다. 요즘이야 휴대전화 없는 사람이 없으니 번호만 알면 언제든 상대의 목소리를 들을 수 있지만 옛날에야 어디 그랬던가. 집집마다 유선전화기 한 대가 고작이라 서로 타이밍 맞춰 통화하는 일 자체도 어려웠거니와 통화에 성공하더라도 대화할 시간이 충분치 않았다. 그러다 보니 전화하기 전부터 미리 할 말을 추리고 추려 준비해야 했다. 말을 꺼내기 전에 심사숙고의 과정이 필요했다. 속에서 영글고 숙성된 말의 핵심만을 짧은 시간에 주고받았다.

자연스럽게 침묵에도 익숙해졌다. 교신의 기회가 닿지 않는 나머지 시간에는 그저 침묵으로 기다려야 했다. 침묵이 곧 '거부의사'인 지금과 달리, 그 시절 침묵에는 기다림의 미학이 있었다. 지금이야 대화창의 '1'이 사라졌는데도 답이 없으면 나를 좋아하지 않는 걸로 금세 결론이 굳어지지만, 그때는 침묵의 무수한 가능성을 열어두고 상대를 기다릴 줄 알았다. 침묵은 단순한 거부가 아닌 망설임일 수도 있고 고뇌일 수도 있으며 사랑의 숙성일 수도 있었다. 침묵의 인내 속에서 사랑의 씨앗이 더 깊이 뿌리내리기도 했다. 말이 멈춘 상태에서만 얻을 수 있는 삶의 가치들이 분명히 있다.

하지만 요즘은 오롯이 침묵 속에 있기가 쉽지 않다. 침묵 자체에 익숙하지도 않거니와 침묵하려 해도 제반여건이 잘 받쳐주질 않는다. 통신기기를 모두 무용화시키지 않는 한 홀로 머무는 순간에도 언제 어디서 말과 글의 '알림'이 불쑥 끼어들지 알 수 없는 노릇이다.

입을 닫고 있어도, 눈과 귀까지 완전히 차단하기 어려운 시대다. 깃털처럼 가벼운 말들이 온라인, 오프라인을 넘나들며 삶의 영역을 헤집고 다닌다. 디지털로 쓰인 즉흥의 언어들은 그 무게가 가벼울지라도 사람 생사를 쥐고 흔들 만큼 치명적이기도 하다. 사이버 공간은 이미 총성 없는 말의 전쟁터다. 살기를 띤 뾰족한 언어들이 전장의 총탄처럼 빗발친다. 온라인에서 말 한마디 잘못했다가 패가망신한 사례는 한둘이 아니다. 너 죽고 나 죽자는 식의 살벌한 댓글들은 또 어떠한가? 술도 제대로 걸러지거나 숙성되지 않은 것은 뒷골을 때리는 부작용을 유발하듯이, 말 또한 충분히 걸러지거나 숙성되지 않은 것은 나중에 뒤통수를 후려치는 후유증을 남길 수 있다.

아차! 그러고 보니 나는 글을 쓰고 말을 하는 일을 아예 '업業'으로 삼고 살아가는 사람이구나…… 그 말과 글을 채무로 친다면, 나는 아주 '악성 채무자'로 살아가는지도 모르겠다.

나 지금 누구랑 말하니?

대화를 하다 보면 가끔 이런 사람들이 있다. 자기가 말할 땐 입에 침을 튀겨가며 열을 올리는데, 상대가 말을 하기 시작하면, 듣지 않고 딴짓을 하는 사람 말이다. 요즘은 휴대전화로 할 것들이 많다 보니 대화 중에도 전화기를 만지작거리며 검색을 한다든지 심지어 메신저로 다른 사람과 대화를 주고받기까지 한다. 그럴 때 화자는 머쓱해짐을 넘어 민망함, 어떨 땐 모멸감까지 느낀다.

토론에서는 더 노골적으로 그러는 경우가 많다. 제 주장만 속사포처럼 쏟아내고 상대가 반론에 나서면 아예 귀를 닫아버린다든지, '다음 할 말' 준비에만 집중한다. 인정하고 싶지 않지만, 우리나라 사람들이 유독 그런 면이 있다. 토론의 기본자세를 잘 갖춘 사람이 많지 않다. 외국처럼 학교에서부터 토론 태도와 습관을 제대로 교육하지 않은 문제도 있다. 요즘은 우리 교육도 변화를 도모하고 있다고는 하지만 오랫동안 토론 같은 건 등한시하고 오로지 주입과 암기 위주로 가르쳐온 게 사실이다. 논리의 주고받음과 경청의 기술을 가르치는 토론 교육 같은 건 비집고 들어갈 틈이 없었다. 그러다 보니 다 큰 성인이 되어도 토론을 할 때 보면 거의 '유아' 수준의 말싸움만 주고받다 끝난다. 흥분하면 서로 목소리만 높이고, 상대의 말을 들으려 하지 않는다. 어쩌면 상대 말을 듣지 않기 위해 일부러 더 목소리를 높이는지도 모른다. 개그맨 최양락 씨가 이런 풍경을 코미디 소재로 활용한 적도 있다. 상대가 무슨 반론을 할라치면 "에에—" 하면서 방해하는 입상 행태가 대중들의 공감과 쓴웃음을 자아냈다. 블랙코미디였다. 그게 벌써 30여 년 전 일인데 우리 토론 문화는 여전히 별반 나아진 게 없다.

일단 윗물부터 맑지가 않다. 경청과 토론의 모범을 보여야 할 사람들부터 그렇지 못하다는 이야기다. 민주주의를 이끄는 정치인들이야말로 토론의 달인이어야 한다. 그런데 우리나라에선 그 반대 모습이 더 자주 목격된다. 모범은커녕 추태의 선봉에 서기도 한다. 선거 토론회나 정책 토론회는 물론이고, 중요한 국정조사나 청문회 자리에서도 경청의 태도는 내다버린 것 같은 정치인들이 많다. 어떻게든 상대를 망신 주는 데만 초점을 두는 모습들이다. 자기 질문은 따발총처럼 뱉어놓고 상대가 뭐 좀 대답하려 하면 "아, 됐고요!" 이런 식으로 잘라버린다. 그러고는 곧바로 또 자기 하고 싶은 말로 넘어간다. 인사청문회 같은 데선 더 심하다. 치명적인 인신공격이나 의혹을 던져 놓고도 최소한의 해명 기회조차 주지 않는다. 당사자는 사지에 몰려 죽게 생겼는데, 해명도 전에 이미 다음 질문들이 쏟아진다.

가까운 사람들에게서 이런 일을 당하는 경우도 많다. 그 가까움만큼이나 황당하고 때로는 상처가 된다. 믿는 도끼에 발등 찍히면 더 아프듯이 말이다. 그래서 친한 사이에 논쟁이 붙었다가 의절하는 경우도 종종 볼 수 있다. 우리나라 사람들은 특히 정치 문제 같은 걸로 논쟁하는 일이 많은데, 결말이 '술상 엎는' 풍경으로 끝나는 경우도 심심찮게 목격된다. 친한 사람 민낯을 보려면 고스톱을 쳐보라는 이야기가 있지 않은가? 거기 하나 더 추가할 것을 권하고 싶다. 논쟁 또는 토론 말이다.

말다툼까지 가진 않더라도, 일상 대화에서도 사람을 참 허망하게 만드는 '투 머치 토커'가 있다. 후배 하나가 그렇다. 그는 일단 말을 참 잘한다. 말을 많이 하기도 하지만 기본 화술 자체가 뛰어나다. 그런데 '듣는 건' 영 못한다. 안 하는 건지 못하는 건지, 아무튼 남의 말은 잘 듣지 않는다. 자기 말을 할 때는 눈이 반짝반짝 빛나는데, 남이 말을 하려 하면 그 눈이 딴 데로 막 돌아가는 게 보인다. '눈알 굴리는 소리 다 들려!' 딱 그 수준이다. 뭔가 딴생각을 하고 있다는 이야기다. 어떨 때는 먼발치의 무언가를 골몰히 바라보거나 다른 테이블의 다른 사람을 쳐다보기도 한다. 관심이 그리 가 있다는 것이고, 그만큼 내 이야기에는 집중하지 않는다는 증거다. '투 머치 토커**Too much talker**'인 동시에 '투 리틀 리스너**Too little listener**'이기도 하다. 그러면서도 기계적으로 한 번씩 추임새 넣는 건 잊지 않는다. "응 응, 네 네……" 아마 그 순간 내가, "너 나 싫어하지?" 이렇게 묻는다면, 그는 반사적으로 답했을 것이다. "네, 네."

미국 사람들이 하는 우스갯소리 중에 이런 게 있다. 남의 말을 전혀 듣지 않는 사람이 있어서 그의 전화를 받자마자 이렇게 말했다고 한다. "저기 말야, 나 죽을병 걸렸어." 그랬더니 그 사람이 무엇이라고 했겠는가.

"잘되었네요. 그건 그렇고, 제가 전화한 건 말이죠……"

부탁하는 자세,
부탁 받는 자세

부탁은 건네는 일이나, 받는 일이나, 들어주는 일이나, 모두 어렵다. 뭐가 더 어려운지 경중을 가리기 힘들다. 건네는 쪽은 막막하거나 미안해서 어려울 테고 받는 쪽은 부담스러워서 그럴 것이다. 또 들어주는 일에는 노력이나 희생이 요구되기 때문에 마찬가지로 어느 정도 어려움이 따른다.

기자로 살다 보면 때때로 여러 가지 부탁을 받게 된다. 취재 요청, 인맥 연결, 심지어 관공서 민원부탁 같은 것도 들어온다. 세상 바뀐 걸 모르고 별의별 부탁을 하는 사람들이 여전히 많다. 기자는 어디 가서 영향력을 행사해도 안 되고, 그게 가능한 시대도 아니건만 고정관념은 질기고 질기다. 여전히 '기자' 하면 뭔가 이용하기 좋은 사람, 혹은 나를 이용하려는 사람, 그런 이미지가 강하다. 사실 요즘은 시쳇말로 발에 차이는 게 기자다. 어디 가서 '기레기' 소리 들으며 쫓겨나지 않으면 그나마 다행이다. 남의 민원 부탁 들어주고 영향력 행사하고 그런 일은 언감생심이다. 김영란법(부정청탁방지법)도 큰 역할을 했다. 사실 요즘은 그 법 덕분에 오히려 속 편할 때가 많다. 사적인 부탁 같은 건 아예 처음부터 잘라 거절할 명분이 있기 때문이다. "어려우신 건 알겠지만 저희도 요즘 김영란법 때문에……" 이 한마디면 더 이상 물고 늘어지는 사람이 없다.

하지만 거절하는 마음이 영 편치 않다. 부탁이란 본디 그런 것이다. 위의 세 가지(건네는 일, 받는 일, 들어주는 일)도 어렵지만 거절하는 일도 못지않게 어렵다. 어쩌면 제일 어려울지도 모른다. 상대의 사정을 모르는 바가 아니라면 뒷맛은 더더욱 개운치가 않다.

그래서 부당하거나 불공정한 부탁이 아니라면 가급적 들어주는 게 인정에 맞긴 하다. 살다 보면 누구든 다른 사람에게 부탁을 해야 하는 일이 생기게 마련이다. 기자라는 직업을 사적으로 이용하려는 부탁이 아닌 이상, 나 역시 최대한 들어주려고 노력한다. 반면, 내가 남에게 하는 부탁은 최소한으로 절제하자는 게 지론이다. 그편이 마음도 편하기 때문이다. 부득이하게 부탁을 해야 한다면, 우선 상대방 마음이 불편하지 않도록 밑밥부터 까는 데 신경을 쓴다. 상대의 퇴로를 미리 열어주는 편이다. 거절당할 것에 대비해 상대에게 '거절해도 된다'는 메시지를 충분히 준다는 이야기다.

"전혀 부담 갖지 않아도 되는데……" "이건 진짜 혹시나 해서 물어보는 건데……" "저기 내가 부탁할 게 있는데 안 되면 가차 없이 잘라." 이런 식으로 말머리를 여는 것이다. 문자나 메신저로 이야기할 때는 'ㅋㅋ'를 붙여 일부러 말을 가볍게 만드는 것도 한 방법이다. 내가 너무 무겁게 부탁하는 게 아니라는 걸 은근히 내비친다. 비교해서 예를 들자면 이렇다.

"○○야, 부탁할 게 있어. 내가 정말 꼭 필요해서 그러는데……"라고 쓴 메시지와, "○○야, 부탁할 게 있는데 뭐 죽고 사는 문제는 아니고. ㅋㅋ" 이렇게 시작하는 메시지는 그 무게감이 사뭇 다르다. 거절하는 사람에게 부담이 덜한 건 당연히 후자다.

내게 부탁을 하는 사람들도 이러했으면 좋으련만 세상일이 다 내 마음 같지는 않은 법이다. 받는 사람, 거절하는 사람의 마음을 한층 더 불편하게 만드는 부탁의 화법도 많다.

"야, 내가 웬만하면 이런 부탁 안 하는데 너니까 믿고 한다." 이런 말로 시작하면 나중에 거절해야 할 경우 마음이 상당히 무거워진다. 나를 '믿어서' 부탁한다고 말했는데 그 부탁을 거절하게 생겼으니, 나는 졸지에 '믿음을 배반하는' 사람처럼 비칠 수 있다. 모양새가 영 좋지 않다.

"우리 친구지? 너 나 믿지?" 이런 이야기로 시작해도 꽤 부담스러워진다. 우리가 친구고 믿는 사이인 건 굳이 말 안 해도 아는 사실인데, 부탁에 앞서 굳이 그런 말을 덧붙인다면 그 자체로 압

박이 되고 부담이 된다. 거절해야 해서 거절하는 일조차, 마치 '친구가 아님'을 선언하는 것처럼 보이기 때문이다.

그래도 이런 사례들은 그나마 낫다. 오죽했으면 그랬겠나 하고 이해할 수도 있다. 마음이 불편해지긴 해도 불쾌하진 않다. 사람을 진짜 불쾌하게 만드는 화법은 다음과 같은 것이다. 내가 가장 싫어하는 부탁 방식인데, 주로 생뚱맞은 아부나 사교성 멘트로 시작하는 걸 말한다. 몇 년간 아무 소식도 없다가 갑자기 연락해서 괜히 반갑게 안부를 묻는다거나, 느닷없이 폭풍 칭찬으로 말문을 여는 사람들이 그렇다.

"주경아! 잘 지냈냐? 나 OO다! 너무 보고 싶어서 문자했다!" "주경아! 너 방송 보다가 연락했다. 진짜 너무 잘하더라!" 대저 이런 식으로 시작한다. 그럼 나도 처음엔 순수하게 반가워서 이런저런 안부로 화답을 하는데, 가만히 듣다 보면 이야기가 부탁으로 샌다. 앞선 위장 멘트의 강도가 높을수록 부탁의 강도도 높고 무리한 경우가 많다. 그럼 뭐랄까, 속았다는 생각이 들기도 하고 내가 어리석어서 당했다는 자괴감 같은 게 생기기도 한다. 그 순간 순수하게 마음을 열었던 것에 대한 배신감이기도 하다. 나는 정말이지 오랜만에 연락한 친구가 반가워서 펄쩍펄쩍 뛰기까지 했는데, 상대는 내가 그리워서 연락한 게 아니라 다른 목적이 있어서 접촉한 것이기 때문이다. 뒤통수를 맞은 느낌이기도 하고 뭔가 떡밥에 낚인 느낌도 든다.

부탁이란 차라리 거두절미, 단도직입, 돌직구가 제일 낫다. 그

편이 오히려 진정성과 절박감이 더 잘 전달되고 어떻게든 들어주고 싶은 마음이 생기게 한다. 거절도 마찬가지다. 들어줄 듯 말 듯 '밀당'과 '희망고문'을 하다 거절하는 건 최악이다. 말을 빙빙 돌리고 돌려서 뒤늦게 거절임을 깨닫게 만드는 것도 좋지 않다.

부탁이란 사람 사이의 정을 확인하는 일임과 동시에 그 정을 깨버리는 계기가 되기도 한다. 어려운 부탁을 하거나 그걸 거절한다고 해서 무조건 정이 깨진다는 게 아니라, 잘못 부탁하고 잘못 거절하면 죽마고우 사이도 원수가 되는 게 한순간이다. 반대로 서로에 대한 깊은 이해와 충분한 배려 속에서 부탁을 하고 거절을 한다면, 그 자체로는 두 사람 관계에 어떠한 앙금도 남지 않는다. 부탁은 하는 쪽이나 받는 쪽이나 똑같이 상대의 상처 가능성을 염두에 두어야 하는 일이다.

기레기와 확신범

반성합니다,
제 좁은 시선을

이 책의 지면을 빌려 고백하고 용서받고 싶은 일이 몇 가지 있다.

하나는 2003년에 있었던, 이름도 모를 어느 택배 기사와의 소소한 분쟁 일화다. 당시는 지금처럼 음원의 시대가 아니었기에 음악을 들으려면 CD를 사는 것이 우선이었다. 나도 종종 듣고 싶은 음반 몇 개를 묶어서 온라인으로 주문하고는 했는데, 한번은 그 택배가 분실되고 말았다. CD 네댓 장이 들었으니 가격으로 치면 한 5~6만 원 정도 했던 것 같다. 택배가 도통 오지 않아 전화를 걸어 물었더니 이미 배송을 완료했다는 것이다. 택배 기사는 물건을 놓고 갔다는데, 나는 받지 못했으니 결국 배송 사고였다. 그래서 변상을 요구했고 유통업체 쪽에선 택배 기사와 해결할 문제라고 선을 그었다. 달리 방법이 없는 것 같아 택배 기사에게 전화를 했다. "보상해달라, 못 하겠다……" 가벼운 실랑이가 오갔다. 결국, 택배는 당사자에게 직접 전달하거나 안전한 곳에 맡겨야 하는 것 아니냐는 내 논리를 이기지 못하고, 택배 기사는 물건 가격을 온라인 입금해주었다. 실랑이는 그런대로 평화롭게 끝났다.

그런데 한참 지나서 알게 되었다. 그 택배를 배송하고 당시 기사가 받은 금액이 '몇백 원'이라는 것을. 택배 꾸러미 하나에 몇백 원, 그 돈을 벌기 위해 뛰어다니다 예기치 못한 분실로 수십 배 큰 돈을 물게 된 것이다. 생각해보니 미안했다. 그의 처우 문제가 내 잘못은 아니지만 결과적으로 내가 미안해졌다. 그런 문제를 소비자가 미안해해야 하는 것은 사실 아이러니다.

물건을 파는 유통업체와 택배를 운용하는 배송업체가 존재하고, 그 기업들로부터 열악한 대우를 받는 택배 기사들의 현실이 얽혀 있다. 그러나 결과적으로 책임은 기사가 졌고 미안하게 된 건 소비자였다. 물론 전달을 잘못한 건 분명 그 기사의 실책이다. 그 사안만 떼어놓고 보면 책임 소재가 그에게 있는 것이 타당하다. 하지만 그의 처우를 사전에 알았더라면 굳이 그 돈을 받아내겠다고 실랑이하지 않았을 텐데, 하는 후회가 미안함으로 이어졌다. 그때만 해도 그런 택배 기사의 처우가 공론화되기 전이었다. 택배 시장은 사실상 태동기였고 기사들의 근로조건이 나쁘다는 것도 아는 사람이 거의 없었다. 언론에 종사하는 나조차 그런 실태를 몰랐으니 말이다. 자책감 같은 게 더해졌다. 그리고 지금까지 잊히질 않는다. 어쩌면 사소해 보이기만 하는 그 일의 여운이 내게는 아직도 꽤 무겁게 이어진다. 그래서 한 번쯤 그 택배 기사에게 꼭 사과하고 싶다.

"죄송합니다. 진심으로 죄송했습니다."

반성하고픈 또 하나의 일은, 그 비슷한 시기에 있었던 취재 관련 일화다. 당시 나는 고발 전담 부서인 '기동취재부' 소속이었는데, 부정부패나 비리를 추적 보도하는 게 주요 임무였다.

어느 날, 서울 외곽에 있는 한 비닐하우스촌에 어린아이들이 감금되어 있다는 제보가 들어왔다. "목사라는 사람이 장애 아이들을 데리고 있는데, 낮에는 시내에 데리고 가 아무래도 앵벌이를 시키는 것 같다"고 했다. 내용이 내용인 만큼 즉시 취재에 나섰다. 비닐하우스 밀집촌에 찾아가서 그 목사라는 사람의 행적을 몰래 뒤쫓았다. 그런데 따라다니다 보니 전혀 엉뚱한 결론이 나왔다. 그는 나쁜 사람이 아니라 정말로 장애 아이들을 세심히 돌보는 사람이었다. 낮에 아이들을 승합차에 태우고 어딘가로 가는 것도 앵벌이가 아닌 각종 체험학습을 시키려는 것이었다. 수영장에 데리고 가는 것도 목격했다.

참으로 무서운 편견이었다. 가난한 영세민 지구에서 장애 아동들을 데리고 있다는 이유로 악랄한 범죄자 취급을 받았으니 말이다. 그래서 그 목사 앞에 정체를 드러내고 그간의 취재 경위를 설명한 뒤 사과했다. 오해해서 죄송하다고 말했고, 목사도 사과를 받아주었다. 그런데 알고 보니 그는 말기 암 환자였다. 생존 할 확률도 그리 높지 않다고 했다. 그동안 어렵게 어렵게 아이들을 돌보았는데 자신이 죽고 나면 아이들이 어찌 될지 모르겠다며 참담한 심정을 토로했다. 방송 같은 걸 통해 도와줄 방법이 없는지도 물었다. 알아보겠다고 했다.

회사로 돌아와서 사회부에 있는 동료를 찾아갔다. 내가 속한 부서는 고발 전담 부서다 보니 미담이나 안타까운 사연을 다루기가 어려워 사회부 기자에게 일종의 내부 제보를 하였다. 그 기자는 시간을 내어 취재하겠다고 했다. 하지만 그게 끝이었다. 그는 끝내 비닐하우스촌에 가보지 않았고, 사연은 전파를 타지 못했다. 나는 나대로 '고발거리'들에만 정신이 팔려 더 이상 그 사연을 신경 쓰지 못했다. 목사와 아이들은 그렇게 잊혔다.

지금 다시 기억난다. 회한에 가까운 심정으로 말이다. 그때 그 목사는 어떻게 되었을까? 아이들은 어떻게 되었을까? 비닐하우스 가건물로 가득하던 그곳은 이제 번듯한 아파트 단지가 되었다. 바로 강남 세곡지구다. 같은 강남구 안에도 그런 곳이 있었다. 타워팰리스가 지어지며 화제를 몰던 시절에, 바로 근처에서는 그런 일들이 벌어지고 있었다. 그때 내가 조금만 더 신경을 썼더라면 어떻게라도 아이들을 도울 방법이 있지 않았을까, 하는 막연한 후회가 지금까지 따라붙는다.

물론 언론에 자선사업의 의무는 없다. 하지만 기본적인 인간애의 문제다. 소외된 이들을 살피는 건 언론의 소명 중 하나다. 물론 그 아이들이 다른 시설로 옮겨져 잘 자랐을 수도 있다. 목사는 기적적으로 완치되어 아이들을 계속 돌보았을지도 모른다. 하지만 그때의 내가, 그 자리에서, 소외된 이들을 위해 '더 할 수 있는' 일들이 얼마든 있었을 거라는 생각에 회한은 끝끝내 가시질 않는다.

뉴스는 무엇을 추구해야 할까? 언론의 펜 끝이 향해야 할 곳은 어디인가? 그때 그 제보를 받고 건너뛴 사회부 기자에게는 무엇이 지향점이었을까? 거창한 비리 한 건 건져보겠다고 뛰어다니던 내게는 무엇이 소명이었을까? 세곡지구에는 아파트 단지가 들어섰지만 쪽방촌, 판자촌, 비닐하우스촌은 지금도 전국 곳곳에, 우리 곁에 산재해 있다. 어느 언론의 주목도 받지 못한 채 구석진 곳에 말이다.

2018년 세 명의 노동자가 택배업체 물류센터에서 숨졌다. 감전사도 있었고 과로사도 있었다. 트레일러에 치여 사망한 일도 있었다. 이는 택배 노조의 파업으로 이어졌다. 2003년 몇백 원이던 택배 기사들의 수수료는 지금도 달라진 게 없다. 16년이나 지났는데 아직도 그 수준에 머물러 있다. 택배 본사나 유통회사에 안정적으로 고용된 정규직 기사는 전체 5퍼센트에 불과하다고 알려져 있다.

질문하는 용기,
질문 받는 용기

정치를 그만해야겠다 싶은 사람들이 그만하지 않고 버티면 대중들이 거리로 몰려나가기도 한다. 그들이 제일 많이 모여 촛불과 팻말을 드는 곳, 서울 광화문 광장이다. 그 광장 한편 어느 빌딩 외벽에 아래와 같은 문구가 크게 걸렸다. 그 유명한 교보빌딩 글판 말이다.

"이 우주가 우리에게 준 두 가지 선물. 사랑하는 힘과 질문하는 능력."

(메리 올리버 산문집 『휘파람 부는 사람』(마음산책) 중에서)

이 인상적인 문구를 나는 직업병 때문인지 개인적으로 이렇게 바꿔보고 싶었다.

"이 사회가 언론에게 준 두 가지 의무. 알아내는 능력과 질문하는 용기."

메리 올리버의 말처럼 질문은 '능력'의 영역이기도 하지만 동시에 '용기'의 영역이기도 하다. 특히 상대가 대답하기 꺼리는 질문을 던진다는 건 제법 용기가 필요한 일이다. 언론은 태생부터 그 업業을 지고 있다.

언론은 끊임없이 질문을 해야 한다. 설령 그것이 상대를 불편하게 하더라도 진실 규명에 필요하다면, 그 진실을 대중들이 원하고 있다면, 쉼 없이 물어야 한다. 언론의 본령이 그렇다. 그래서 용기는 필수다.

질문할 용기가 없으면 '받아쓰기' 말고 할 게 없다. 특히 권력자들을 상대로 당당하게 질문하려면 적지 않은 과단성이 필요하다. 기세에 눌리거나 머뭇머뭇하다 보면 질문할 기회는 순식간에 날아가 버린다. 질문은 언론의 의무이자 권리기도 하다. 제대로 못 하면 둘 다 놓치게 된다.

반기문 전 유엔 사무총장은 한때 대선 유력주자로 부상해 국민적 관심을 받았다. 그 관심을 반영하듯 기자들이 졸졸 따라다니며 질문 공세를 이어갔다. 민감한 질문도 제법 많았다. 주로 한일관계에 대한 질문이 그랬다. UN 수장으로서 위안부 문제 등에 대해 어떤 공식 입장을 취해왔는지 물었다. 반 전 총장으로서는 상당히 공격적이고 불편한 질문이었으리라. 어느 날은 그도 어지간히 지친 모양이었다. 기자간담회 자리에서 이런 말을 하고 말았다.

"위안부 문제에 대해서 답변 안 하겠습니다. 앞으로 계속 저 따라다니면서 위안부 문제가 어쨌다, 이런 거 (질문)하지 마세요!"

더 이상 특정 질문은 하지 말라고 딱 잘라 말한 것이다. 그 심정도 이해를 못 하는 바는 아니다. 오죽 답답했으면 그랬겠는가 싶다. 하지만 언론 본연의 역할에 대해 공감이 좀 부족하지 않았나 하는 아쉬움이 드는 것도 사실이다. 그 정도 자리에 있으면 사실 어떤 질문도 감내해야 하는 게 공인의 숙명이다.

손혜원 의원에게도 비슷한 일이 있었다. 목포 부동산 의혹이 불거졌을 때의 일이다. 투기 목적이었는지 아닌지, 투기가 아니더라도 '공직자 이해충돌 방지조항'에는 어긋나지 않는지, 기자들의 질문 세례가 쏟아졌다. 사실 국내 언론사만 해도 수십 수백 곳인데 저마다 한 번씩만 질문해도 당사자는 똑같은 질문을 수십 수백 번 받게 된다. 거기에 상당히 예민해졌는지 손 의원도 어느 날은 폭발하고 말았다.

"그 질문은 이제 그만 받을게요. 아주 지겨워요!"

순간 피식 웃음이 나왔다. 그 처지가 일견 공감도 되었기 때문이다. 오죽했으면 저랬을까, 하는 생각도 들었다. 그러나 한편으로는 아쉬운 마음 또한 지울 수 없었다. 역시나 언론 본연의 역할에 대한 인식이 조금 아쉬웠다. 물론 당사자는 그 질문이 정말로 지겨울 수 있다. 대꾸하기도 지친다는 '경지'가 분명히 있다. 특정 질문 자체가 의도적인 공격처럼 여겨질 수도 있다. 하지만 국민 입장은 또 다르다. 의혹이나 논란이 속 시원하게 해소되지 않으면 자꾸 알아보고 싶고 물어보고 싶은 게 인지상정이다. 그 질문을 대신 해주는 게 언론이다. 기자들이 녹을 먹고 사는 이유다. 남들 못 들어가는 기자회견장에도 출입하고 정당이나 부처에도 마음대로 드나드는 이유가 바로 이 '질문자' 역할 때문이다.

그런데 질문하는 일이 용기 말고 능력의 차원으로 넘어가면 기자들의 밑천이 낱낱이 드러나기도 한다. 질문 잘하는 능력은 저마다 천차만별이기 때문이다. 질문을 잘한다는 건 적절한 질문을 적절한 타이밍에 던지는 것이기도 하고 상대의 답변을 잘 이끌어내는 것이기도 하다. 이 문제에 있어서는 '숨을 구멍'이 없다. 용기가 없는 건 슬쩍 뒤로 숨는 방법이라도 있지만, 능력이 없는 건 그대로 까발려져 망신살이 된다.

그 유명한 오바마 전 대통령 기자회견 일화가 그렇다. 오바마 전 대통령이 한 국제회의장에서 한국 기자들에게 질문할 기회를 주었을 때의 이야기다. 아무 질문이라도 좋으니 해보라고 멍석을 깔아줬는데, 갑자기 벌어진 일이라 그런지 아무도 나서지 않았다. 사실 갑자기였다고 해도 그렇지, 질문할 게 항상 '있어야 하는 게' 기자다. 질문할 게 없으면 도대체 회견장에는 뭐하러 간단 말인가?

꿀 먹은 벙어리처럼 아무 질문도 하지 못하던 그날의 풍경은 한국 언론의 '민낯'을 드러내는 상징적 한 컷이 되고 말았다. 보다 못한 중국 기자가 마이크를 가로채 질문 기회를 가져가 버렸다. 오바마 전 대통령이 "지금은 한국 기자들 순서"라고 재확인해주었지만 중국 기자는 "한국 기자들 중에는 질문할 사람이 없어 보인다"라고 말해 굴욕까지 선사했다. 하지만 어쩌겠는가? 그게 사실인데. 요즘 말로 치면 '팩폭(팩트 폭력)'이었다.

그 장면을 한국 네티즌들이 고스란히 영상으로 돌려봤다. 질타가 쏟아졌다. 모든 기자들이 톡톡히 망신살을 치러야 했다. 초거물급 인사 앞이라 말문이 막혔던 건지, 다른 나라 대통령이라서 딱히 궁금한 게 없었던 건지, 아니면 글로벌리더와 대화할 '깜냥'이 안 되었던 건지, 자세한 내막은 모르겠다. 하지만 분명한 것은 '할 일(질문)'을 못했다는 점이다. 그래서 여론의 맹비난을 살 수밖에 없었다. 이 촌극은 지금까지도 '무능력한 한국 기자들'의 상징처럼 회자되고 있다. 반박의 여지가 없는 '흑역사'다.

그날 그 회견장에 있었던 기자들에게 오바마 전 대통령이 전한 이야기까지 들려주면 더 창피해질지도 모른다. 그가 다른 기자회견장에서 했던 이 말은, 언론 본령에 관한 가장 뜨끔한 일침이다. 나 역시도 이 글을 읽고 등골이 서늘했다.

"여러분(기자들)은 제게 '불편한' 질문을 자꾸 해야 합니다. 아첨꾼은 언론인의 역할이 아니죠. 그것(불편한 질문과 답변)이 우리 관계의 핵심입니다."

기레기와
확신범

지식이나 정보의 유통을 업業으로 삼은 이들에게 있어 가장 중요한 덕목 가운데 하나는 끝없는 '의심(의구심)'이다. 무엇이 옳은지 무엇이 그른지, 진실은 어디에 있는지. 설령 자신이 진리라 믿는 것이더라도 어쩌면 진리가 아닐 수 있다고 끝없이 의심하고 되묻고 고민하는 것, 그것이 기본자세여야 한다. 지식과 정보를 파는 걸 업으로 삼는 자들로서 언론이 응당 그래야 하고, 학자들도 마찬가지다. 모름지기 '펜대'를 쥐고 먹고 사는 사람들이라면 절대 놓쳐서는 안 될 덕목이다. 그런 직종에 있는 사람들이 의심과 반문反問의 끈을 놓아버리면, 그들의 일은 곧 아집과 안주의 늪에 빠진다. 논문은 왜곡될 테고 기사는 고집불통의 방향으로 간다. 엉뚱한 정보를 유통하고도 끝까지 '나는 잘하고 있다'란 착각을 한다. 그 착각 속에서 엉뚱한 정보는 무한 반복 생산될 것이다.

자신이 옳다고 믿는 논조나 사상, 가치관에 대해 어떠한 의구심도 품지 않고, 자기 눈에 옳게 보이는 사람이나 집단에 대해 모든 의심을 거두어들인다면, 그 안일한 확신을 품은 사람들이 지식인이나 언론인 노릇을 한다면 세상은 상당히 위험해질 수 있다. 특히 그들이 명망 있는 자리에 올라 대중들에게 영향력을 행사하면 더욱 그렇다. 여론이 왜곡되고 각종 사회문제가 은폐될 수 있다. 왜 이런 이야기를 하냐면, 실제로 그런 사람들이 학계, 언론계에 적지 않기 때문이다.

소위 '확신범'이라 불리는 부류가 있다. 범죄 용어의 일종이지만 언론계에서도 널리 통용된다. 어떤 사안이나 사회를 보는 관점에 있어서 자신(들)만의 섣부른 확신을 정립하고, 그것을 절대적으로 신봉하는 사람들을 말한다. 그런 태도를 가진다면 여러 가지 오류나 과실이 뒤따를 수밖에 없는데, 그래도 그것이 잘못인 줄을 끝까지 모른다. 그저 잘한다는 생각만 꼭 틀어쥐고 있으니 잘못은 고쳐지지 않고 반복된다. 그래서 확신 '범犯'이라는 표현을 쓰는 것이다. 다른 분야에서 혼자 그러는 건 괜찮을지 몰라도 언론 분야에서 대중을 상대하는 사람이 그런 성향을 가지면 위험하다. 다른 이야기는 들으려 하지 않는다. 그런 측면에서 '확신범'이라 불리는 사람들은 학자나 언론인으로서 기본적으로 결격이다. 끝까지 나만(우리만) 옳고 상대는 틀리며 나의 믿음만이 진리이므로 의심의 대상이 아니라고 생각한다면, 그는 그 확신을 갖고 홀로 살아가거나 정치선동가의 길을 가는 것은 모르겠으나, 더 이상 지식으로, 기사로 다른 사람들의 정신에 영향을 끼쳐선 안 된다.

우리가 일상에서 접하는 여러 엉터리 기사, 예컨대 사회의 흐름을 왜곡하고 잘못된 가치관을 주입하는 편향된 기사들은 대개 이런 확신범들이 작성하거나 작성을 지시한 것들이다. 그나마 다행히도 요즘 대중들은 그걸 간파하는 눈이 생겼다. 그러고는 이런 호칭을 붙여 응수한다. '기레기.' 아시다시피 '기자'와 '쓰레기'란 단어를 조합한 말이다.

언론계 내부에서 기자들로부터 드물게 존경을 받는 CBS 기독교방송의 변상욱 대기자는 2018년 정년퇴임의 변을 통해 후배들에게 따뜻하지만 냉정한 당부의 말을 남겼다. 일종의 '기레기가 되지 않는 법'이라고도 볼 수 있다. 여러 주옥같은 이야기들 가운데에 바로 이 '그릇된 확신'에 대한 경고 메시지도 있었다.

"확보한 증거보다 마구 앞서 나가거나 확신한다고 외치는 것, 그리고 위험한 추측을 과감히 던지는 건, 지혜와 통찰이 아니라 포퓰리즘에 가깝다."

"골목길로 들어서면 그 길만 보이고 길은 우리를 속인다. 위에서 넓게 보도록 노력하자."

언론 종사자라면 누구나 뼛속 깊이 새겨둘 말이다. 언제든 스스로가 틀릴 수 있다는 명제를 망각하면 기사의 시각은 좁아지고 내용은 편향되며 결국 대중들로부터 '기레기' 소리를 듣게 된다. 요즘 대중들은 즉각적으로 반응한다. 젊은 기자들은 또 즉각적으로 그 반응을 알아챘다. 세월호 참사 당시 진도에 모여 있던 KBS 기자들은 스스로를 '팽목항의 기레기'라 부르며 사내 게시판에 '자성의 글'을 릴레이로 올리기도 했다(이후 파업으로 이어졌다).

세월호 참사 당시 주류언론들은 너나 할 것 없이 '받아쓰기'에 매몰되어 있었다. 물론 그전에도 대형 재난 현장에 가면 으레 '정부 발표'를 받아서 그대로 인용 보도하는 데 급급했다. 그러다 보면 자기도 모르는 사이 의심을 내려놓고 사건 이면의 숨겨진 문제들을 찾으려 하지 않는다. 들여다볼 생각 자체를 하지 않게 된다. 세월호 당시에는 그런 역할을 포기하는 경우도 많았다. '내가 알아보려 한들 이 상황에서 뭘 어떻게 더 알아내겠어?' 이런 기류가 적지 않았다. 현장은 거대한 카오스였고 정보는 먼지처럼 부유浮遊했다. 수색 작업이 "잘 되고 있다"는데 진짜 잘 되고 있는지, 구조에 "최선을 다했다"는데 진짜 최선을 다한 게 맞는지, 끝까지 파내고 알아보려는 기자들이 그리 많지 않았다. 나를 포함한 모두가 반성할 일이다.

오히려 엉뚱한 확신이 피해자들을 죄인처럼 몰아세우기도 했다. 유족들이 무리한 생떼를 쓰고 보상만 더 받아내려 한다고 추잡한 누명을 씌웠다. 희생자 가족의 눈물을 '목적성을 가진' 정치 행위로 곡해하는 언론들도 있었다. 사안을 그런 식으로 바라보는 확신이 있었기 때문이다. 일단 한번 색안경을 끼고 보기 시작하면 편견이 굳어져 그대로 논조가 된다. 대표적인 확신범 현상이다. 저 높은 곳에 의심할 대상들을 잔뜩 놔두고 엉뚱한 낮은 곳으로 펜촉을 겨누었다. 그런 오류는 결국 대중들이 먼저 간파했다. 의심을 거두고 확신에 빠진 한국 언론의 민낯을 들여다보기 시작하였다. 우리 사회에서 언론 불신이 급속도로 고조된 계기이기도 하다.

대중은 더 이상 언론에 수동적으로 끌려다니지 않는다. 일방적인 정보들을 '액면가 그대로' 받아들이던 옛날의 소극적 언론 수용자들이 아니다. 언론인이 언론인다운 역할을 하지 않고 저급한 정보를 내놓으면 가차 없이 '기레기'란 말로 응징한다. 그 말이 수치스럽고 듣기 싫다면 기자들은 계속 의심해야 한다. 내 기사 방향이 맞는지, 수뇌부의 판단이 옳은지, 회사의 논조가 정당한지, 끊임없이 되묻고 의심하고 검증한 끝에 신중히 펜을 들어야 한다. 자기가 몸담은 조직의 방향이 틀렸다면 때로는 내부에서 반기反旗도 들어야 한다. 그걸 포기하고 그저 '시키는 대로만 하는' 기자들은 회사 안에서는 유능할지 몰라도 사회에서는 '기레기'다.

'기레기'란 소리를 듣지 않기 위해 중요한 조건이 하나 더 있다. 바로 휴머니즘이다. '사람이 먼저'라는 말은 정치판의 선거 구호기 전에 기자들이 가슴속에 새겨두어야 할 절대 명제다. 사람이 사람을 사람으로 보지 않고 '기삿거리'로만 보기 시작

하면 인간 본연의 아픔 같은 것들에 대해 공감 능력을 잃게 된다. 재난재해나 사건사고 현장에서 희생된 사람들을 그저 '사망자 ○○명 중 하나'로 보아 넘기는 관성이 바로 휴머니즘의 결여에서 비롯된다. 사람을 그저 변사체나 피사체 정도로 인식하는 잘못된 사고 체계다. 세월호 피해자와 유족들이 아마도 그런 왜곡된 시선을 많이 받았을 것이다.

나와 같은 회사에 다니는 한 후배 기자의 일화로 이 글을 마무리하고자 한다. 이름은 정연욱이고, 굳이 실명을 감출 이유가 없는 사례다. 그는 몇 해 전 경기도 모처에서 벌어진 '실종 아동' 수색 현장을 취재한 뒤 SNS에 짧은 글 하나를 남겼다. 어느 저수지인가 하천에서 군경이 대대적인 수색을 펼쳤는데, 사실상 시신이 나올 가능성을 염두에 둔 작전이었다. 그 현장을 오래도록 지켜보다 돌아오던 길에 그가 남긴 글이다. 누구도 아닌 바로 그 '실종 어린이'를 향해 외친 말이었다.

"저 차가운 물에서 나오진 말아라. 어디든 살아 있어라!"

나는 그 짧은 글귀를 보고 순간 눈물이 핑 돌았다. 누군가는 그 아동이 이미 희생되고 없을 거라고, 시신이라도 빨리 찾아서 사건을 마무리하자고 생각하는 사이, 누군가는 절대 시신이 나오지 말라고, 끝까지 나타나지 않아도 좋으니 어디서든 그저 살아만 있으라고 기도한다. 바로 그 마음, 오직 '살아 있기만을 소망하는' 그 마음이 휴머니즘이다. 언론인이기 전에 사람으로서 가져야 할 가장 기본적 인간애다. 그러나 그걸 놓아버린 언론인들을 주변에서 종종 보게 된다. 그래서 그 간소한 SNS 글귀 하나에도 속절없이 울컥한 것이리라.

위를 볼 것이냐, 아래를 볼 것이냐

직장에서 동료, 선후배 들을 관찰하다 보면 평소 시선이 항상 '위'를 향해 꽂혀 있는 사람과 그렇지 않은 사람으로 확연히 나뉘는 걸 알 수 있다. 높은 곳만 쳐다보고 사는지, 높은 곳 낮은 곳 두루두루 살피며 사는지, 아니면 낮은 곳을 더 많이 보고 사는지, 그 지향성이 저마다 제각각이다.

'시선의 방향을 어디에 둘 것인가?' 이것은 삶의 방향을 결정짓는 일이기도 하다. 우리는 일생 동안 그 갈림길에 서 있다. 특히 사회생활을 하는 사람이라면 피할 수 없는 굴레와도 같다.

'내가 몸담은 조직과 사회 속에서 상부 지향적으로 살 것이냐, 아니냐……'

물론 세속의 성공을 꿈꾸는 것이 인간 본성 가운데 하나라면 상부를 지향하는 것도 하나의 자연스러운 선택이다. 그 자체로 비난받을 일은 아니다. 하지만 문제는 너무 '위만' 쳐다보며 삶의 모든 중심을 그곳에 둘 때 발생한다. 일단 개인 차원에서 살펴보면 본인 스스로 너무 피곤해진다. 경쟁지향적인 사람이 되고 지금의 자리에 자족하지 못하며 현실과 욕심의 괴리 속에 스트레스를 받으며 살게 된다. 등산을 할 때 시선을 줄곧 정상 쪽으로만 고정하고 걷는다면 얼마나 목이 아프겠는가? 수시로 아래쪽도 보아야 아름다운 경관도 만끽할 수 있고 휴식과 여유도 얻을 수 있다.

무엇보다 사회 전체적으로 상부지향적인 사람들이 너무 많아지면 아래를 돌볼 사람이 드물어지는 구조적 폐해가 발생한다. 아래의 사정을 살피고 그곳 사람들의 어려움을 챙기는 일이 등한시될 수 있다는 이야기다. 특히 언론계가 그런 식으로 돌아가면 그것은 망조亡兆가 된다. 펜대를 든 사람들이 출세지향적이고 상부지향적인 가치관만 추구한다면 단언컨대 사회는 혼란에 빠진다. 상하를 두루 살피지 않고 시선이 위로만 고정된 사람들이 기사를 쓰고 뉴스를 만든다고 생각해보라. 그 신문, 그 방송은 '상류 편향'의 미디어가 될 것이다. 소외된 이, 평범한 서민의 사정을 조명하는 보도는 그만큼 줄게 된다.

똑같은 사안을 놓고도 언론사마다 다르게 해석하는 일이 많은데 거기에도 '상부지향적이냐, 아니냐'의 문제가 상당히 빈번하게 개입한다. 예를 들면 이런 식이다. 20억 원이던 아파트의 매매가가 부동산 제재의 여파로 한 달 새 2억 원가량 떨어졌다고 치자.

A라는 신문은 이렇게 제목을 뽑는다.

"한 달 만에 2억 '와르르'… 부동산 시장 '칼바람'"

반면 B라는 신문은 이렇게 다룬다.

"10억 오른 아파트 2억 '조정'… 제자리 찾아갈까?"

어떤가? A와 B의 지향성이 확연히 구별되는가? A는 시선의 초점이 사실상 고가 주택을 가진 사람들 쪽에 맞추어져 있다. 그 계층의 시각에서 보면 집값 하락이 절대로 반가운 일이 아니다. 자기가 10억 원에 샀든 15억 원에 샀든 그건 중요하지 않다. 한때 20억 원까지 갔던 게 18억 원으로 떨어졌으니 그 자체로 억울하고 마땅치 않다. 거기서 더 떨어진다 해도 여전히 시세 차익이 나겠지만 '있는 사람이 더 하다'는 말도 있듯이 차익이 한 푼이라도 줄면 그게 또 아까운 것이 사람 심리다. A는 철저히 그런 상위 계층의 심리를 대변해 기사를 썼다. 어디를 지향하고 있는지 선명히 드러낸 셈이다. 아마도 가격 하락을 불러온 정부의 제재 자체가 마음에 들지 않았을 수도 있다. 그래서 '칼바람'이라는 무서운 용어, 당장이라도 부동산 시장이 망할 것 같은 표현을 동원했는지도 모른다.

B는 그런 집을 가지지 못한 사람들 관점에서 기사를 썼다. 분양가 10억 원이던 아파트가 몇 년 새 20억 원까지 '따블'로 뛰었는데, 이제 겨우 2억 조정되었다는 점을 부각시켰다. "제자리 찾아갈까?"라는 표현에는 '제자리 찾아가야 한다!'는 바람이 담겼거나 혹은 '찾아가긴 찾아갈까?'라는 회의적인 시각이 담겼을 수도 있다. 어쨌든 핵심은 아직 부족하다는 것이다. 그래서 굳이 '10억 오른 아파트'라는 부연 설명을 제목에 붙였다.

A가 보도한 것처럼 무작정 2억 원이 와르르 무너져 내린 게 아니라 10억 원 오른 것 중 2억 원을 반납한 것이라고 분명히 선을 긋고 있다. 물론, 고점인 20억 원에서 상투를 잡은 사람들은 당연히 억울하겠지만, 집 한 채 없는 사람들 입장에서는 '내 알 바 아닌' 이야기다. 그래서 B의 보도는 철저히 서민층의 시선에 기사 초점이 맞추어져 있다. 강남 아파트 가격이 천정부지로 치솟는 동안 소외감과 자괴감에 빠져 있었을 중하위 계층의 정서와 기본적으로 일치하는 기조다.

A 종류의 기사와 B 종류의 기사, 어느 쪽이 세상에 더 많이 쏟아져 나오느냐에 따라 사회 분위기는 달라진다. A 같은 기사가 압도적으로 여론몰이를 할 경우 부동산 제재 정책 같은 건 어떤 식으로든 제동이 걸릴 수밖에 없다. 반면 B 같은 기사가 주류를 이루게 되면 부동산 규제 정책은 가속도를 낼 것이다. 그러하기에 언론의 영향력이 생각보다 크고 강력하다. 특히 주류 언론의 시선, 그 지향점은 한 나라의 명운을 좌지우지할 수도 있다.

대학 선배 가운데 성직자의 길을 택한 분이 있다. 미카엘 수녀님이다. 언론에 몸 담고 있는 내게 언젠가 이런 메시지를 전한 일이 있다.

"현 주교회의 의장이신 김희중 대주교님 말씀 전해드리고 싶네요. 그분이 이렇게 말씀하셨습니다.

'아마 (속한 언론사에 따라) 각자의 한계가 있을 겁니다. 하지만 저는 언론도 어떤 면에서는 성직자라고 생각합니다. 우리 사회에는 좋은 부모나 기회를 만나지 못해 밑바닥에서 참혹하게 눈물을 흘리고 사는 약자가 있습니다. 그들을 위해 무엇을 할 것인가…… 언론으로서 철학을 가져보잔 말씀입니다. 순도 99.9퍼센트 금은 진보나 보수 누구의 손에 있어도 금입니다. 진리도 마찬가지 아닐까요?'"

대주교님이 강조한 순도 99.9퍼센트의 금이란 바로 '낮은 곳을 살피는' 마음가짐일 것이다. 그것을 갖추었다면 보수 언론이든 진보 언론이든 일단 기본적인 책무를 하고 있단 이야기다. 나뿐 아니라 모든 언론인이 새겨들어야 할 잠언이다. 하지만 현실에서는 그렇지 못한 언론인이 적지 않다. 본분을 망각하고 그저 '높은 자리'에 가기 위해 자신의 업을 이용한다거나 '낮은 자리' 사람들의 이야기는 무시하고 높은 곳에만 귀를 열어두는 경우 말이다. 기자라는 일 자체를 궁극의 소명으로 삼지 않고 정치권이나 재계 임원 등으로 가기 위한 발판으로 삼는 언론인도 종종 보게 된다. 또 소외 계층의 제보 같은 건 일단 무시하고 고위 정·재계에서 나온 자료는 그대로 갖다 쓰기 바쁜 기자들도 많다. 시선이 위로 고착된 사례들이다.

사람마다 삶의 가치관이 다르니 저마다의 지향점에 대해 왈가왈부할 일은 아니다. 아래의 신망을 잃었다고 해서 실패한 인생도 아니고, 윗자리를 얻는 것이 의미 없다는 것도 아니다. 그러나 적어도 언론계에서는 그런 식으로 시선이 고착되어서는 안 된다. 언론의 본령이라는 특수한 책임감을 늘 통감하고 살아야 한다. 언론인의 지향점이 위로만 꽂혀 있으면 대중을 상대로도 한쪽 이야기만 전하려 하고 한쪽 이야기만 들으려 한다. 아래의 여론은 원천 차단하기도 한다. 그래야 저 꼭대기 '사주'의 뜻대로 회사가 돌아가기 때문이다. 그런 식으로 한쪽 채널을 닫아버린 언론사가 제 기능을 하는 언론사일 리 없지 않은가.

사실 언론뿐만이 아니다. 공무원 조직이나 일반 기업도 마찬가지다. 구성원들이 전반적으로 '아래'를 살피지 않고 '위'에만 충성하는데, 아래로부터의 언로가 막히면 조직은 곧 죽고 만다. 그런 조직이 많아지면 사회도 죽은 사회가 된다.

위에서 아래로 내려오는 모든 것은 굳이 귀를 기울이지 않아도, 고개를 치켜들지 않아도, 어차피 내게로 와 닿는다. 낙수落水 같은 자연스러운 이치다. 높은 곳에서 낮은 곳으로 흐른다는 건, 굳이 도모하지 않아도 이루어지는 섭리와 같다. 요컨대 한 나라에서 대통령이 한 말은 온 국민이 그 즉시 중하게 받아들이게 된다. 회사에서도 사장이 공표한 말은 애써 전파하려 하지 않아도 일선 직원들에게 다 전달된다. 따로 챙길 필요도 없다. 하지만 그 반대는 힘들다. 말단 사원의 이야기를 사장에게 전달하기란 하늘의 별 따기 같은 일이다. 누군가 챙겨주고 길을 터주지 않으면 원천적으로 불가능하다. 무릇 아래에서 위로 올라가는 모든 것에는 에너지가 필요하다. 아래에서 쏘아 올리는 힘, 위에서 끌어당기는 힘…… 말 한마디를 위쪽으로 전달하는 데도 그런 에너지들이 필요하다. 그래서 아래의 사정을 헤아리는 일에는 관심과 노력이 필요하다.

들어보려는 노력, 전달하려는 노력, 그 언로를 터주는 노력 말이다. 시선은 항시, 적어도 수시로, 아래쪽을 향해 열려 있어야 한다. 위를 보지 말라는 말이 아니라 아래쪽으로도 주파수를 열어둬야 한다는 말이다. 그렇게 해야 위아래 소통의 길이 뚫리고 공감의 문이 열린다. 그럼 조직의 생기 같은 것들은 보너스로 자연스레 뒤따르게 된다. 살아 있는 조직이란 그렇게 돌아가는 조직이고, 살아 있는 사회 역시 그런 식으로 돌아가는 사회다.

집값이 먼저?
기사가 먼저?

'닭이 먼저냐, 달걀이 먼저냐'라는 말이 있는데 세상사 가운데는 그렇게 선후 관계가 아리송한 일들이 많다. 가끔은 사회적 이슈와 언론보도의 관계에서도 그런 의문이 들 때가 있다. 이슈가 먼저 발생해서 그에 대한 기사가 나온 건지, 아니면 기사가 자꾸 나와서 그 방향으로 이슈가 만들어진 건지 말이다. 부동산 문제는 어떨까?

2018년, 집값 문제로 참 시끄러웠다. 자고 나면 집값이 뛴다는 말이 나올 정도로 부동산 광풍이 불었다. 정부는 골머리를 앓았다. 부동산 문제는 정권 지지율과도 직결된다. 과거 노무현 대통령 재임 기간에 지지율이 떨어진 요인 가운데에도 부동산 시장 과열 문제가 있었다.

집값이 자꾸 오르면 언론은 융단 폭격을 가한다. '무서운 기세로 집값이 올랐고 이대로 가다간 앞으로도 계속 오를 거란' 기사를 하루도 거르지 않고 쏟아낸다. 정부의 약발이 먹히지 않는다는 지적도 이어진다. 그런데 지난해 그런 기사들을 매일같이 접하다가 어느 순간 문득 생각해보았다. 집값이 오른 건 사실이긴 한데, 과연 '왜 그렇게 가파르게 올랐을까'를 말이다. 혹시 가파르게 올라서 기사가 쏟아진 게 아니라 기사가 자꾸 쏟아지는 바람에 더 가파르게 오른 건 아니었을까?

2018년에 나온 부동산 기사들은 사실 집을 '안 사곤 못 배길 것 같은' 기분이 들게 하였다. 물론 집값이 오르니 오른다 하고 시장이 불안하니 불안하다고 했겠지만, 정도正道를 넘어선 듯 보이는 기사들이 많았다. 집값이 오르고 시장이 불안하기를 바라고 쓴 기사 아닌가 싶은 의심이 들 정도였다. 부동산 기사는 그 자체로 시장에 대한 견제 역할도 하고 정부에게 대책을 내놓으라고 압박하는 순기능도 있다. 그러나 동시에 그 반대의 역기능도 존재한다. 과도한 불안감이나 조바심을 자아내는 측면 말이다. 대중을 상대로 '이래도 집 안 살래?' 하고 종용하는 것 같은 느낌을 준다면 후자가 된다.

부동산 광풍, 집값 급등, 고공행진, 천정부지…… 이런 표현들이 담긴 1면 톱기사들을 매일 접하다 보면 결국 그런 느낌이 부지불식간에 들기 마련이다. 당장 나도 집을 사야 할 것 같은 조바심이 생긴다. 집값이 작년에도 올랐고 올해도 올랐고 내년에도 오를 거라는 기사는 결국 집 없는 서민들이 은행으로 달려가 대출 도장을 찍도록 만든다.

심각한 소외감도 심어준다. 대출 끼고 집 살 여력조차 없는 사람들은 그저 망연자실해진다. 집이 있어도 내 집만 안 올랐다면 '없는 것보다 못하다'고 자신을 책망하기도 한다. 결국, 원래 살던 집을 헐값으로 내놓고 다른 비싼 집을 '상투 잡는' 패착까지도 낳는다. 그렇게라도 집을 사서 생활이 만족스럽고 재테크도 안정적이라면 상관없다. 그런데 버블이 꺼지고 나면 그 이후가 더 무섭다. 선택은 본인의 몫이라지만 어쨌든 휩쓸려간 책임이 대중에게만 있다고 볼 수는 없다.

노무현 정부나 문재인 정부 부동산 급등 기간을 곰곰 돌아보면 과연 집값이 올라서 기사가 그렇게나 많이 나왔던 건지, 기사가 많이 나와서 집값이 더 오른 건지, 아리송한 느낌을 떨칠 수 없을 때가 많다. 분명한 것은 "집값 오른다, 오른다" 이런 보도가 많을수록 실제로 부동산 시장은 들썩들썩할 수밖에 없다는 사실이다. 인지상정이다. 자고 나면 집값이 오른다고 연일 기사가 쏟아지는데 가격을 낮추어 집을 내놓을 집주인이 어디 있겠으며 느긋하게 셋방살이에 자족할 무주택자가 어디 있겠는가? 어쩌면 부동산 기사야말로 부동산 문제의 공범 혹은 주범일지도 모른다.

기사 이야기가 나온 김에 첨언을 하자면, 신문의 영향력은 '영상의 시대'에도 여전히 막강하다. 어쩌면 방송이나 인터넷 매체보다 훨씬 더 강력한 여론 응집력을 갖고 있을지도 모른다. 그 사실을 신문사들도 스스로 잘 알고 있다. 특히 메이저 신문사들이 그렇다. 그들은 자사 기사, 특히 톱기사의 위력을 누구보다 잘 안다. 마음만 먹으면 그걸 통해 얼마든지 여론몰이를 할 수 있음을 주지하고 있다. 어차피 신문은 공적 언론과는 다르게 노골적인 논조가 있다. 기계적 균형 따윈 없다. 나는 진보고 너는 보수고, 저마다 색깔이 뚜렷하다. 그래서 특정 이슈를 다룰 때도 자신들만의 선명한 색깔을 전면에 부각한다. 정치는 말할 것도 없고 사회, 경제, 국제, 문화 등 모든 분야에서 그렇다. 때문에 똑같은 사안을 놓고도 어떤 신문은 '우리 사회가 나아지는 과정이다.' 이렇게 이야기하는데, 어떤 신문은 '우리 사회가 곧 망하게 생겼다!' 이렇게 진단한다. 같은 날, 같은 이슈에 대해 정반대의 결론을 내면서도 주저함이 없다.

그런 식의 보도 기조는 결국 여론을 형성한다. 담론의 틀을 만들고 그 패러다임 안으로 민의의 흐름을 몰아간다. 특히 신문 1면 톱기사의 힘은 막강하다. 독자들이 특정 사안을 바라볼 때 부지불식간에 판단의 잣대로 작용하게 된다. 신문사들도 그걸 너무 잘 알아서, 아주 전략적으로 그런 능력을 이용하기도 한다. 만일 정치적으로 어떤 세력을 무너뜨리고 싶다면 그쪽 방향으로 자신들이 가진 필력을 다 쏟아붓고, 반대로 특정 세력을 키워주고 싶다면 그편으로 남은 총력을 모두 기울인다. 나라가 망하게 생겼다고 논조를 잡았다면, 당장 망할 것 같은 요인들을 수도 없이 긁어모아 톱기사에 반복하여 내건다. 그 반대 경우도 마찬가지다. 나라가 잘 돌아간다고 선전하고 싶으면 온갖 '희망사항'들을 마치 현재진행형 성과처럼 포장해 톱블록에 집중배치한다. 그러고는 2면, 3면, 4면으로 이어지는 '연관 기사'들로 집중포화를 가한다. 독자들 입장에서는 무심결에 자꾸 읽다 보면 본인도 모르는 사이 그런 기조에 젖어들 수밖에 없다. 사람 심리가 그렇다. 말이 '아' 다르고 '어' 다르다고 하는데, 신문의 '아'와 '어'는 특히 다르다. 아주 무섭게 다르다.

보세요,
이 사람 이렇게 죽습니다

언론을 접하다 보면 마음이 불편해진다는 사람들이 꽤 많다. 평소에는 마음이 평온하다가도 뉴스만 보면 괜스레 불안해진다는 사람도 제법 있다. 언론 기사가 '좋은' 이야기보다는 '좋지 않은' 이야기를 더 많이 다루기 때문이기도 하지만, 그 전달 방식에 있어서도 자꾸 어떤 '선'을 넘는 측면이 있기 때문이다.

무엇보다 영상 매체들이 그렇다. 활자 매체보다 생생하다는 장점이 되레 오점이 되기도 한다. 요즘은 각종 사건사고 현장을 마치 중계하듯 영상으로 보여주는데 잔인하거나 충격적인 장면이 너무 많다. 어디 부딪혀 죽고 떨어져 죽고 빠져 죽고 하는 장면들이 여과 없이 방송 전파를 타고 온라인에까지 퍼져 영구 저장된다. 출처도 여러 가지다. CCTV, 블랙박스, 스마트폰 제보영상…… '실제 상황'을 그대로 보여주는 영상 소스가 너무 많아졌다. 연출된 드라마나 영화가 아니라서 충격은 더 크다. 충격의 여진은 불안감으로 남는다. 언젠가 나도 당할 것만 같고 내 가족도 저럴 것 같다는 불안감이 스멀스멀 마음을 비집고 들어온다. 반복해서 보다 보면 마치 '외상 후 스트레스 증후군'처럼 일종의 우울증세마저 생길 수 있다.

그러거나 말거나 매체들은 충격적인 영상을 더 '확실히' 주입시키려고, 화면을 확대하고 슬로 모션도 걸어가며 갖은 효과를 가미한다. 심지어 사고로 튕겨 나가는 사람을 더 잘 보이게 해주겠다고 희생자 주변에 동그라미 CG까지 그려 넣는다. '보세요, 이 사람 이렇게 죽습니다. 잘 보세요!' 대놓고 이런 이야기를 하는 거나 다름없다. 끔찍한 일이다.

모자이크 효과에는 더 인색해졌다. 생생함을 부각하는 효과에만 집착하고, 덜 부각하는 효과에는 신경을 쓰지 않는다. 끔찍하고 마음 아픈 장면은 가급적 덜 부각하는 것이 원칙에 맞다. 영상뉴스가 무슨 '스너프 필름(폭력, 살인, 강간 등의 실제 모습을 담아 은밀히 유통시키는 필름)'은 아니지 않은가. 하지만 그런 원칙을 지키는 언론사가 그리 많지 않다. 아예 사고 블랙박스 영상만 모아 방송하는 프로그램까지 생기지 않았는가. 감출 건 좀 감추고 가릴 건 좀 가려서 '진정 효과'를 줘가며 방송하는 건 괜찮다. 그런데 대부분은 차들이 부딪치고 구겨지고 사람이 날아가는 모습을 여과 없이 보여준다. 기껏해야 사람 얼굴 정도만 모자이크하는 식이다. 사람 몸이 공중으로 붕 떴다 아스팔트로 내다 꽂히는 게 생생히 보이는데 그깟 얼굴만 가려서 뭐하겠는가?

그래도 의식이 좀 있는 매체들은 사고 직전 장면에 '멈춤' 효과를 걸어 참변이 그대로 노출되는 것을 피하기도 한다. 하지만 그것도 미봉책이다. 달려드는 차와 마주한 희생자의 마지막 모습을 '정지 화면'으로 보여주었다고 해서 근본적으로 뭐가 다르겠는가? 보는 이들의 충격은 매한가지다. 그 사람은 누군가의 아버지이기도 하고 남편이기도 하고 동료이기도 하고 우리 이웃이기도 하다. 그걸 보고 마음이 불편하지 않을 수가 없다.

2018년 국내 한 지방공항에서 과속으로 달리던 외제차가 손님을 내려주고 잠시 택시 밖으로 나온 기사를 들이받은 사고가 있었다. 빠른 속도로 달리는 차량의 모습이 블랙박스 영상으로 공개되어 국민적 공분을 사기도 했다. 개인적으로 그 사건 보도도 상당히 마음에 들지 않았다. 아무리 얼굴에 모자이크 처리를 하고 충돌 직전에 영상을 정지시켰다고 해도 0.1초 뒤면 '공중으로 날아갈' 피해자 모습을 이미 많은 시청자들이 연상하고 난 뒤였다. 눈으로 본 거나 진배없다.

더 빨리 멈추었어야 했다. 가해 차량의 과속 실태를 강조하고 싶었겠지만, 전 단계까지만 보여주어도 충분했다. 차량이 빠른 속도로 램프를 올라타고 커브를 트는, 딱 그 정도 선까지만 보여주어도 되었다. 그런데 굳이 화면 프레임 안으로 택시가 들어오고 그 택시 옆에 서 있던 기사까지 또렷이 등장한다. 얼굴만 모자이

크로 가렸지, 참극의 주인공이 온 국민 앞에 오롯이 공개된 거나 다름없다. 그걸 남녀노소 모두가 다 봤다. 누가 부딪치고 누가 날아갈지 생생히 목격하였다. 이런 건 결국 트라우마로 남는다. '언론 발' 트라우마라는 게 분명히 존재한다.

'이불 밖은 위험해'라는 말이 있다. 뉴스를 보다 보면 그 소리가 절로 나온다는 사람들이 있다. 교통사고도 그렇지만 범죄 보도는 더 심각하다. 사람을 때려눕히고 찔러 죽이는 '스너프' 수준의 영상들이 전파를 타기도 한다. 교통사고나 재해는 거기 비하면 수위가 낮은 셈이다.

상상해보라. 아침에 자고 일어나자마자 휴대전화를 열었더니 포털 1면에 '사람 죽이는' 영상보도물이 떠 있다고 말이다. 흉기와 폭력이 난무하는 '실제 상황'이 CCTV 화면으로 낱낱이 공개되고, 그걸 나도 모르게 열어봤다고 말이다. 그럼 그 하루는 '살인과 함께' 시작하는 거나 마찬가지다. 끔찍하지 않은가? 평온해야 할 아침을 그렇게 맞이하다니…… 아침 아니라 밤이라 해도 다를게 없다. 자기 전에 그런 걸 보고 잠들면 꿈에 나오지 않으리란 법이 없다.

그래서 언론은 좀 자제할 필요가 있다. 아니, '좀'이 아니라 '많이' 자제해야 한다. 요즘은 매체가 많아져서 경쟁이 더 치열해졌고 자제가 힘들어진 상황이란 것도 주지의 사실이기는 하다. 그러나 그건 언론의 사정이지 대중의 사정이 아니다. 우리가 힘들어서 그럴 수밖에 없다고, 대중들에게 그냥 받아들이라고 말할 권리는 없다. 언론은 곧 죽어도 본령을 지켜야 한다. 내가 몸담은 회사에서도 이런 문제에 대해 꽤 많은 고민을 했다. 아무래도 공영방송이다 보니 민간 매체들보다는 상당히 조심스러울 수밖에 없다. 그래도 간혹 수위를 넘는 일이 있을 수 있다. 그럴 때는 시청자들이 자꾸 지적해야 한다. 전화도 걸고 메일도 보내고 댓글도 달아서 항의해야 한다. "당신들이 잘못했다. 그래선 안 된다!" 따끔히 각성시켜야 한다. 공영방송뿐 아니라 다른 매체들에게도 마찬가지다. 그 매체의 보도가 사람 마음을 필요 이상으로 불편하고 불안하게 만들었다면 따져야 한다. 언론의 주인은 언론사나 기자가 아니라 궁극적으로 대중이기 때문이다. 요즘은 특히나 매체 간 생존 경쟁이 과열되다 보니 자칫 대중들이 고삐를 느슨히 풀어주는 순간 언론은 날뛰는 '망아지'가 될 수 있다. 망아지가 몰고 다니는 뉴스나 신문은 그 자체로 공해다.

〈나는 가수다〉가 지고 〈불후의 명곡〉이 뜬 이유

몇 해 전 대중들에게 선풍적 인기를 끌었던 방송 가운데 〈나는 가수다〉라는 프로그램이 있었다. 신드롬을 형성할 만큼 폭발적인 반응이었다. 비슷한 시기에 다른 방송 채널에는 〈불후의 명곡〉이 등장했다. 둘 다 기성 가수들의 경연이라는 점에서 공통점을 띠고 있다.

처음 〈불후의 명곡(이하 '불후')〉이 방송되었을 때는 〈나는 가수다(이하 '나가수')〉의 아류 취급을 받았다. 시청자들로부터 별 호응을 이끌어내지 못했다. 〈나가수〉의 아성은 넘지 못할 철옹성과도 같았다. 그런데 어느 순간 〈나가수〉가 대중들의 외면을 받기 시작했고, 그 뒤 오히려 〈불후〉의 인기가 높아지더니 지금까지도 장수 프로그램으로 사랑받고 있다.

왜 그랬을까? 왜 잘 나가던 〈나가수〉는 무너지고 시원치 않던 〈불후〉가 뒷심을 발휘했을까? 나는 그 둘의 성패를 가른 건 '배려의 차이'라고 생각한다. 일단 〈나가수〉는 참가자들의 순위를 대중들에게 낱낱이 공개하고 점수 순서대로 줄을 세운다. 그러고는 맨 마지막에 꼴찌를 부각해 냉혹하게 쫓아낸다. 우승을 한 가수조차 마음 놓고 기뻐하지 못하는 이유다. 동료 가수가 바로 옆에서 수모를 겪고 탈락하는데 그걸 보면서 뛸 듯이 기뻐하는 건 상당히 겸연쩍은 일이다. 나도 언젠가는 그 처지가 될지 모른다는 불안감도 작용했을 것이다.

반면 〈불후〉는 그런 식으로 한꺼번에 점수를 매기고 순위를 대놓고 나열시키지 않는다. 1대 1의 경연 방식을 반복하면서 그저 그 라운드의 승자와 패자만 가린다. 최종 우승 한 명을 제외하고 나머지는 다 한 번씩 탈락의 경험을 겪는다. 그래서 어느 한 사람이 유일한 패자나 꼴찌로 도드라지지 않는다. 1대 1 대결에서 패하고 무대를 내려갈 때도 활짝 웃을 수 있는 이유다. 최선을 다했으면 그걸로 된 거지, 졌다고 낙심하거나 수치스러워할 일이 없다. 그래서 탈락한 사람은 승자에게 다가가 두 팔 벌려 진심으로 축하해줄 수 있다.

〈나가수〉는 그러지 않았다. 최종 탈락한 사람은 눈물이 그렁그렁하기도 하고 죄인처럼 고개를 숙인 채 쓸쓸히 퇴장하곤 했다. 그럴 이유가 없는데 프로그램 포맷이 그렇게 만들었다. 패자에 대한 배려가 없었던 셈이다. 그렇다고 승자에 대한 배려가 있었던 것도 아니다. 승자도 패자도 모두 마음이 불편한 경연이었다.

대기실 풍경에서부터 두 프로그램은 성격을 달리했다. 〈나가수〉는 각 참가자들이 따로 대기실을 쓰도록 하며 서로가 경쟁자 관계임을 부각시켰다. 다른 가수가 노래 부르는 걸 각자의 방에서 지켜보며 경쟁 상대로 평가하게 만들었다.

반면 〈불후〉는 모든 가수들이 한 방에 모여 무대를 지켜보고 함께 전 과정을 즐긴다. 잘한 사람에게도 아낌없이 박수를 쳐주지만 탈락하고 돌아온 사람에게는 더 큰 박수를 쳐준다. 그쯤 되면 승자와 패자를 구분하는 것도 의미가 없어진다. 양쪽 모두 배려받는 느낌이다. 그야말로 훈훈한 풍경의 연속이고, 그것이 시청자들의 마음을 움직였으리라.

가뜩이나 경쟁에 지친 사회다. 힐링이 필요해서 텔레비전을 보는데, 방송에서까지 그런 극단적인 경쟁 구도를 보고 싶지는 않다. 처음에는 그 극단성이 재미로 느껴졌겠지만 갈수록 마음이 지쳤을 것이다. 〈나가수〉의 패자는 현실 속의 내가 될 수도 있기 때문이다. 결국은 시청자들에 대한 배려도 부족하지 않았나 싶다.

약자와 패자에 대한 배려 없이 경쟁의 결과물만을 중시하는 경향은 사실 특정 방송 프로그램만의 문제는 아니다. 우리 사회 곳곳에 그런 문화가 뿌리 깊이 박혀 있고, 그것을 당연시하는 기류가 강하다. 그러다 보니 올림픽에 나가서 메달을 따지 못한 선수는 마치 죄인처럼 귀향을 하고, 심지어 메달을 따더라도 금색이 아니면 풀이 죽어 돌아오는 일까지 발생한다. 황당한 아이러니가 아닐 수 없다.

일전에 참 민망했던 일화가 있다. 올림픽 양궁 결승에 진출한 한 선수의 고향 집에 방송 카메라들이 집결한 날이다. 요즘은 좀 덜한데 10여 년 전만 해도 한국 선수가 결승에 진출하면 언론들이 고향 집에 찾아가 미리 진을 치고는 했다. 금메달 확정 순간 환호하는 가족들의 표정을 카메라에 담기 위해서였다. 나도 그런 취재진 가운데 하나로 합류했다. 집은 좁은데 기자들 수십 명이 모여드니 발 디딜 틈도 없었다. 그래도 가족들은 환대해줬다. 경사스러운 일이니 왜 안 그랬겠는가. 그런데 기자들은 매몰찼다. 해당 선수가 금메달을 따는 데 실패하자 썰물처럼 빠져나갔다. 통상적으로 금메달을 딴 선수들의 가족만 방송이나 신문 지면에 실리기 때문이다(우승 순간 벌떡 일어나 만세를 부르는 가족과 이웃들 모습, 다들 한 번씩 매스컴에서 본 기억이 있을 것이다. 바로 그 '한 컷'을 담아내려고 기자들이 고향 집에 모여든다). 그런데 그 소기의 목적을 달성하지 못하게 되었다고 기자들은 망설임도 없이 쌩! 하고 철수했다. 가족들에게 인사도 하지 않고 말이다. 나는 그때 그 선수 부모의 망연자실해하던 얼굴을 지금도 잊지 못한다. '노 메달'도 아니고 자랑스러운 동메달을 목에 걸었는데도 가족들은 슬픔에 잠기고 말았다. 세상에, 그게 슬퍼할 일이라니……

그 부모의 잘못이 아니었다. 그날 그 집에 모여 '금메달만이 주목받을 성과'라고 무언의 기준을 제시한 기자들이 화근이었다.

가족들에 대한 배려는 '1도 없었던' 셈이다. 나는 그 '1'이라도 해보고 싶어서 방송에 나가지도 않을 인터뷰를 괜스레 카메라에 담았다. "동메달이라도 따서 기뻐요"로 시작한 어머니의 인터뷰는 끝내 울음으로 마무리되었다. "우리 딸이 그렇게 고생했는데……"라며 더는 말을 잇지 못했다. 충분히 축하받고 기뻐할 일인데도 이미 썰물처럼 빠져나간 기자들은 잔칫집에 재를 뿌린 셈이었다.

배려는 그런 것이다. 〈불후의 명곡〉처럼 패자도 웃게 만들지만, 그게 없으면 위 사례처럼 승자까지도 울게 만든다. 승자든 패자든 모두 배려받아야 이 시대 경쟁의 피곤함이 덜어지지 않겠는가. 피로가 해소되지 않고 계속 누적되기만 하는 사회는 스트레스 쌓인 몸처럼 언제 탈이 나도 이상할 게 없다.

○ 내 머리 위의 우주

오로라가
들려주는 지혜

북아메리카의 북부에는 오로라를 볼 수 있는 곳이 제법 있는데, 그중에서도 캐나다의 옐로나이프와 미국의 페어뱅크스가 가장 유명하다. 현지에는 야간에 오로라 관측지점으로 안내해주는 투어 업체들 여러 곳이 성업 중이다. 그들은 그 일을 '오로라 헌팅'이라고도 부른다. 워낙 오지인 데다 심야에 움직여야 하니 상당수 여행객들은 안전하게 투어 업체를 통한 오로라 여행을 선택한다(물론 가격이 만만치 않다).

나는 어찌어찌하여 두 지역을 다 가보게 되었는데, 업체 인솔을 받는 통상적인 오로라 헌팅 대신 렌터카를 빌려 밤마다 직접 오로라를 찾아다녔다. 새벽 1시에 길을 나서면 칠흑같이 어둡다. 민가에서 최대한 멀리, 인공의 불빛을 등지고 내달리다 보면 어느

덧 먼 하늘에서 희미한 줄기로 오로라가 터져 나온다. 처음에는 하나의 선으로, 그러다 장막을 치듯 천공을 뒤덮고 마지막엔 너울너울 춤을 춘다. 우주가 내게 보여주는 '독점 쇼'다. 하지만 모든 아름다움이 그렇듯 이 황홀경은 오래 지속되지 않는다. 옅어지는가 싶으면 순식간에 사라지고, 사라졌다 싶으면 다시 반대편 하늘에서 솟구치길 반복한다. 그러다 마침내 푸른 오로라가 완전히 소멸한 그 자리, 그 지평선에, 곧바로 붉은 빛이 감돌기 시작한다. 해가 솟는 순간이다. 오로라가 태양에게 바통을 넘기고 떠나는 의식과도 같다. 하나의 빛에서 또 다른 빛으로…… 지구가 인간에게 선사하는 가장 아름다운 광경이 아닐 수 없다.

오로라는 어떤 '역설'이었다. 가장 찬란한 빛이지만 가장 어두운 곳으로 가야 만날 수 있다. 빛이 있는 곳에서는 좀처럼 그 존재를 드러내지 않는다. 가로등 하나, 민가 불빛 하나도 오로라 관측에는 방해가 된다. 아무것도 없는 그야말로 '순수 암흑'만이 오로라를 완벽하게 돋보이게 만든다. 빛은 어둠이 있어야 그 존재를 발한다는 진리를 온몸으로 느끼게 되는 순간이다.

비슷한 깨달음을 북극에서도 얻은 적이 있다. 극지연구소의 아라온 탐사대와 함께 하절기 북극 탐사를 갔을 때의 일이다. 북극의 여름밤은 '백야白夜'다. 24시간 내내 해가 지지 않는다. 새벽 4~5시경이면 수평선 언저리까지 해가 떨어지긴 한다. 하지만 거기서 수면 아래로 더 내려가지 않고 그대로 다시 솟아오른다. 그 자리에서 그대로 말이다. 말하자면, 저녁노을이 지는가 싶다가 곧 바로 아침 일출이 이어지는 식이다. 신비로운 풍경이 아닐 수 없다. 하지만 밤을 앗아가는 풍경이기도 하다.

밤이 없다는 것은 일종의 재앙이다. 한 달 가까이 밤 없이 산다는 것은 상당한 괴로움이다. 무엇보다 잠을 제대로 이룰 수가 없었다. 아무리 피곤하고 추위에 몸이 얼어도 쉽사리 잠이 들지 않았다. 하늘을 바라보면 새벽 2시가 낮 2시와 다를 바 없었다. 몸은 그 '이상 현상'에 그대로 반응했다. 환경이 이상해지면 육체도 이상 증세로 정직하게 응답한다. 생체 리듬이라든가 사이클이 속절없이 무너졌다.

그쯤 되면 밤이 그리워지기 시작한다. 그 춥고 어두운 밤의 존재가 사무치도록 절실하고 소중하게 느껴진다. 북극 탐사를 마치고 알래스카 앵커리지로 돌아오던 날, 근 한 달 만에 밤을 다시 만났을 때의 감격을 잊을 수가 없다. 내 생에 그런 날이 올 줄은 미처 몰랐다. 낮이 아닌 밤을, 태양이 아닌 어둠을 반기다니 말이다.

세상만사는 명암의 연속이다. 빛이 있으면 어둠이 있고, 어둠 아래에 있으면 그다음은 빛이 찾아올 순서다. '명'과 '암'이 어떤 식으로든 공존하면서 만물은 돌아간다. 꼭 빛과 어둠만의 이야기는 아니다. 세상에 존재하는 모든 상반된 것들은 저마다 공존의 가치를 지니고 있다. 음과 양, 물과 불…… 어느 한쪽만 존재하게 되면 파멸이다. 만물의 무엇도 유지될 수 없다. 이는 전 우주를 생동케 하는 원리와도 같다.

인간의 삶도 마찬가지다. 아름다움과 추함, 사랑과 이별, 소유와 상실, 성공과 실패, 탄생과 죽음. 그 모든 공존이 삶을 삶답게 만들고 인생을 어떤 조화 속에서 돌아가도록 한다. 위대한 철학자 노자는 일찍이 『도덕경』에서 이렇게 말했다.

"아름다움을 아름다움으로 알아보는 건 추함이 존재하기 때문이다. 착한 것을 착한 것으로 알아보는 것도 악함이 존재하기 때문이다."

북아메리카의 인디언 노래 가운데에도 "밤은 낮의 적이 아니고 죽음은 삶의 적이 아니라"는 구절이 있다. 밤이라는 말에는 절망을, 낮이라는 말에는 희망을 대입해보고도 싶다. 불행은 행복의 적이 아니라 어느 순간 행복과 필연으로 만나게 될 하나의 짝일지도 모른다. 살다 보면 희망이 절망에게 돌연 바통을 넘기고 물러나기도 하지만, 언젠가 절망 또한 그 바통을 다시 희망에게 넘겨준다. 그것은 우주의 섭리다.

어느 하나만의 영속永續이란 없다. 하나가 존재하면 반드시 반대편의 다른 하나가 등장하는 게 세상 이치다. 인생은 그 섭리 아래에 있다. 절망과 불행에서 쉽게 달아나지 말아야 할 이유다. 행복이든 불행이든 그 어느 것도 삶의 최종 결론으로 섣불리 단정 지어서는 안 된다. 섣불리 생을 포기해서도 안 된다. '자살'이라는 단어도 뒤집어 읽으면 '살자'다. 어둠 다음에는 반드시 빛이 온다는 사실을 잊지 말아야 한다. 앞선 시간에 막막한 어둠이 존재했기에 뒤따르는 빛은 그만큼의 찬란함으로 다가올 것이다.

눈빛 속에
별빛

남미에는 딱 한 번 가보았다. 페루였다. 마추픽추로 유명한 나라다. 워낙 멀고 생소한 환경이라 가족 여행지로 썩 적당한 곳은 아니었다. 그래도 우리는 큰마음을 먹었다. 멀긴 하나 물가가 매우 싸다는 것도 여행지 선택에 한 몫을 했다. 다만 아이 둘과 함께 가는 거라 큰마음도 보통 큰마음은 아니었다.

떠나기 전부터 주의사항 챙기기에 여념이 없었다. 어느 나라 관광지나 대개 그렇겠지만 페루에도 호객꾼과 소매치기가 제법 많고 바가지를 씌우는 일도 잦다고 들었다. 물론 페루의 대다수 주민들은 순박하고 친절했다. 만나보고 깨달았다. 지금껏 일로 여행으로 꽤 여러 나라를 다녔지만, 페루인처럼 순수한 사람들을 본 적이 없다. 눈빛 하나하나가 별빛 같아 보였다.

여행자는 늘 어느 정도의 불안을 숙명처럼 안고 떠나는 법. 소매치기를 피하고 호객꾼들을 물리칠 자잘한 요령 따위를 외워서 낯선 페루 땅에 도착했다. 마추픽추로 가기 위해 우선 들러야 한 곳은 '쿠스코'라는 도시였다. 꼭 마추픽추가 아니더라도 그 자체로 유서 깊고 아름다운 곳이었다. 고산지대라 하늘은 높고 거리에는 안데스 역사가 묻어났으며 사람들에게서 선한 천성이 엿보였다. 하지만 밤의 쿠스코는 불안하기도 했다. 초등학생 둘을 데리고 있던 터라 괜스레 더 노파심이 들었다. 마침 대규모 축제 기간이기도 했다. 브라질 카니발과 더불어 남미 3대 축제라는 '태양절' 행사가 한창이어서 거리는 발 디딜 틈 없이 북새통이었다.

긴장한 채 도심 광장을 거닐고 있는데 아니나 다를까 호객꾼들이 따라붙었다. 위협을 느낄 정도는 아니었지만 상당히 성가신 일임에는 분명했다. 페루에는 우선 택시 호객꾼들이 많고 식당이나 숙소, 상점 호객꾼들도 제법 있다. 여행자는 최대한 여유롭게 둘러보고 싶은 게 인지상정이지만 생계가 걸린 사람들 입장은 또 달랐다. 그들은 쉽게 포기하지 않고 우리의 진로를 계속 가로막았다. 행상도 많았다. 목도리며 모자, 라마 인형 같은 걸 들고 다니면서 파는 사람들이 줄을 이었다.

그중에서도 한 아주머니는 정말 끈질기게도 따라붙었다. 안데스 원주민 대부분이 그렇듯 햇볕에 그을린 까만 피부의 키 작은 여인이었다. 몸집 자체가 너무 왜소해서 기력도 영 없어 보였다. 그런데도 빠른 걸음으로 계속 우리를 따라붙었다. 양손 가득 물건

꾸러미를 든 것도 모자라 등에는 검은 보따리까지 짊어지고 말이다. 결국 거절하기도 지친 나는 함께 있던 딸과 아들에게 사고 싶은 물건이 있는지 살펴보라고 했다. 내 눈에는 제법 예쁜 것들이 들어왔지만 아이들은 딱히 필요한 게 없다고 했다. 나는 아주머니에게 미안하다고 말한 뒤 다시 걸음을 옮겼다. 그런데 이 아주머니가 수십 미터를 따라오며 매달리고 또 매달리지 않겠는가. 곤란했다. 그쯤 되니 슬쩍 의심마저 들었다. '물건 파는 것 말고 혹시 뭐 다른 목적이라도 있는 것 아니야? 소매치기 일당이 근방에 숨어 있는 건 아니겠지?' 나는 부족한 영어와 페루 말에 손짓 발짓까지 섞어가며 설명했다. "저도 물건을 사드리고는 싶은데, 아까 보셨다시피 우리 애들이 갖고 싶은 게 없다고 해요."

그러면서 아주머니를 달래보려고 그녀의 등 언저리, 정확히 말하면 등에 멘 보따리 위에 토닥토닥 손을 갖다 댔다. 그런데 아뿔싸, 그것은 보따리가 아니었다. 검은 보자기 밑으로 만져진 건 물건이 아니라 사람이었다. 아기의 머리였다. 쌔근쌔근 곤히 잠들어 있는 아기. 아주머니는 갓난아이를 업은 채 밤늦도록 행상을 나와 있었고, 아기가 추울까봐 보자기를 머리끝까지 덮어씌운 것이다.

고산지대 쿠스코의 밤은 제법 춥다. 순간 울컥하고 마음이 내려앉았다. 무엇이라 표현하기 힘든 감정이었다. 무슨 영문인지 몰라 물끄러미 쳐다보는 딸과 아들에게 한국말로 조용히 일러주었다. "얘들아, 아주머니가 등에 아기를 업고 있네. 짐인 줄 알았는데 아니다." 거기까지만 이야기하자, 아이들은 말없이 다시 물건꾸러미를 헤집으며 살 것을 고르기 시작했다. 그러고서 집어 든 건 예쁘게 짠 털모자 두 개였다. 가격은 다 해서 20솔, 우리 돈 7천 원이 넘을까 말까였다.

나는 그때, 환한 표정으로 고마워하는 아주머니에게 물건값을 건네던 그때, 그때에서야 비로소 아주머니의 눈을 들여다보았다. 쿠스코 밤하늘에 박힌 별처럼 순수 그 자체로 빛나던 눈을 말이다. 그전까지는 왜 그녀와 눈 한번 마주칠 생각을 하지 못한 걸까? 호객이 성가셔서? 이상한 사람일까 의심스러워서? 소매치기는 아닐까 걱정되어서? 그 아주머니는 나를 따라오는 내내 간절한 눈빛을 보냈을 텐데, 눈과 눈의 마주침으로 호소하려 했을 텐데, 나는 왜 그 눈빛 한번 들여다볼 생각을 하지 않았을까? 눈빛 하나로도 읽을 수 있는 것들이 얼마나 많은데…… 어쩌면 나는 들여다볼 생각을 미처 못 한 게 아니라, 의도적으로 시선을 돌려 눈과 눈의 마주침을 피했던 건지도 모르겠다.

안데스의 찬바람만큼이나 선득한 일이었다. 정신이 번쩍 들었다. 사람이 사람을 대하는 일, 그 기본 태도라는 걸 다시 생각해 보게 되었다. 대화와 소통은 말로만 하는 게 아니지 않은가. 눈과 눈, 그 눈빛의 교환으로도 우리는 얼마나 많은 이야기를 주고받을 수 있는가? 그러나 그걸 외면하고 서로에게서 눈길을 거두어들일 때 남는 것은 결국 불신과 의심이라고, 쿠스코의 행상 아주머니가 조용히 가르쳐주었다. 다음 날 마주한 마추픽추보다도 더 날카롭게 빛나는 가르침이었다.

마음이 조급할 때
하는 주문

언젠가 TV에서 한 뱃사공 할아버지의 몸을 본 적이 있다. 군살 하나 없는 상체에 선명한 근육들이 꿈틀거렸다. 민소매 바깥으로 다부진 어깨와 굵은 힘줄, 단단한 이두박근이 드러났다. 할아버지는 "20년간 노를 저었더니 절로 생긴 훈장"이라고 했다. 따로 몸 만드는 운동을 하지 않았어도 삶 속에서 자연스럽게 얻어졌다고 했다. 그야말로 '실전 근육'이었다.

암벽 등반가의 몸도 경이롭다. 그들은 웨이트 트레이닝만 전문으로 한 사람들과는 차원이 다른 근육을 가지고 있다. 그저 굵고 비대해서 위압감을 주는 근육이 아니라, 세밀하게 갈라지고 처절하게 응축되어 마치 신경질적으로 보이기까지 하는 그런 종류의 근육이다.

이런 유형의 몸은 만들자고 만든 것도 아니고, 만들려고 해도 만들기도 힘들다. 오랜 시간의 내공이 자연스럽게 밴, 한 사람의 '산 역사'나 다름없다. 요즘은 속성으로 몸을 만드는 사람들이 넘쳐난다. 동네마다 '(몇)주 단기완성'을 내세운 피트니스 클럽이 성업 중이다. 비싼 돈을 주고 1대 1로 코칭을 받는 회원들도 많다. 홍보 사진을 위해 코치들은 일부러 살을 찌웠다가 최대한 짧은 기간에 다시 빼버리는 '신기'를 선보이기도 한다. 같은 사람이 사진 왼쪽엔 배불뚝이로, 오른쪽엔 몸짱의 모습으로 나온 홍보지를 다들 한 번쯤 보았을 것이다.

몸을 보기 좋게 만드는 것이 하나의 열풍이 되었다. 뒤처지지 않기 위해 적잖은 돈과 시간을 써가며 자기 몸을 '빨리빨리' 빚어내려 한다. SNS마다 멋진 몸의 남녀들이 넘쳐난다. "이래도 몸을 안 만들래?" 채근하는 것 같기도 하다. 옛날에는 모델이나 운동선수들만 그런 몸을 가지고 있었는데, 요즘은 일반인 중에도 그런 몸을 지닌 사람들이 많다. 그러다 보니 '나만 뒤처진다'는 생각도 간혹 들게 마련이다. 인스타그램에 한글로 '몸짱'을 쳐보면 게시물이 백만 개 넘게 쏟아진다. '바디프로필'이란 검색어로도 사진과 영상물을 40만 개 이상 찾을 수 있다. 다 누군가 '보라고' 올린 것들이다. "내 몸을 이렇게 완성했으니 모두들 보아주시라!" 이런 외침이 들리는 듯하다.

그야말로 몸에 대한 '열망'이다. 뭐 나쁜 현상이기야 하겠는가. 보기에도 좋은 몸이 건강 측면에서도 더 좋을 확률이 높다. 지방으로 덮인 몸으로 사는 것보다야 근육 덮인 매끈한 몸으로 사는 게 시각적으로나 내실로나 더 좋으리라. 물론 너무 과도하게 '바깥 몸'을 만들다가 '안쪽 몸'은 오히려 상했다는 이야기도 종종 들린다. 단백질파우더나 닭가슴살만 들입다 섭취하다 간이 망가졌다는 사람도 있고, 살이 빠진 것까진 좋은데 얼굴이 폭삭 늙었다는 사람도 있다. 그나마 운동을 해서 뺀 건 괜찮은데, 무작정 굶으며 다이어트하는 폐해는 이루 말할 수가 없다.

이런 현상들은 일종의 조급증이 만들어낸 부작용이다. 사회 분위기가 워낙 '몸짱' '비주얼' 이런 것들을 추켜세우는 쪽으로 흘러가다 보니, 그 대열에 합류하지 못한 사람들은 조바심이 생기기도 한다. 평범한 몸을 스스로 '몸꽝'이라 비하하기도 한다. 성형외과나 피부과에 가서 지방 흡입술을 받기도 한다. 하지만 조바심으로 이룬 것들은 영속성을 기대하기 힘들다. 살도 단기간에 빼면 요요현상이 따르고, 근육도 단기간에 만들면 단기에 무너질 가능성이 크다. 급작스럽게 근육를 키우겠다고 스테로이드 같은 약물을 쓰는 사람도 제법 있다. 혹시라도 그쪽으로 욕심 나는 사람이 있다면 스테로이드 부작용 사례를 꼭 찾아보기 바란다. 끔찍할 것이다. 남성에게는 '여유증(가슴이 여성처럼 커지는 현상)'이 나타나기도 하고, 여성에게는 반대로 '남자 얼굴형'이 나타나기도 한다. 자웅을 가리기 힘들 정도로 치명적인 부작용이다.

한국을 대표하는 K-1 파이터 가운데 임치빈 선수가 있었다.

지금은 후진을 양성하고 있지만 한동안 국내 입식격투기계에서 적수를 찾을 수 없는 독보적인 존재였다. 나와는 형 · 동생 하는 가까운 사이지만, 선수 시절 그를 가까이서 볼 때마다 범접할 수 없는 어떤 아우라에 압도당하는 느낌이었다. 체중도 경량급이지만 몸에 밴 포스는 헤비급 이상이었다. 그만이 뿜어내는 특유의 강력한 기운이 있었다. 뭐라고 할까…… 어떤 '정진'의 기운이었다.

그는 오랜 시간에 걸쳐 철저히 자신을 다듬어온 무사 같았다. 강철 같은 몸은 누구에게 보여주기 위해 일부러 만든 게 아니라 오로지 실전과 훈련에서 자연스럽게 얻어진 '피땀눈물'의 결정체였다. 특히 시합 직후 팽팽히 상기된 근육을 바로 옆에서 지켜보면 마치 철제 갑옷을 두른 듯했다. 실전 근육으로 압축된 프로 격투가의 몸은 보디빌더나 트레이너의 그것과는 또 다르다.

그런 그에게 물은 적이 있다. 그 몸을 가지게 된 본인만의 비법 같은 게 있냐고 말이다. 얼마나 많은 노력과 요령, 전문성이 필요한지, 구체적인 설명을 듣고 싶었다. 그러나 그의 대답은 다소 의외였다. 거들먹거림 없이 그저 담담한 어투로 내놓은 답변에는 어떤 특별함도 없었다.

"천천히, 조금씩 만들었어요. 아주 오랜 시간에 걸쳐서요. 그게 다예요."

그랬다. 그게 다였다. 단지 그거였다. 지름길 따위는 없다는 단언이었다. 적어도 그가 가진 몸처럼 어떤 인위적인 꾸밈도 없이 순수 내공만을 뿜는 육체를 가지려면 '단기 속성' 요령 따위는 없다는 이야기다. 그저 긴 호흡으로, 한 발 한 발 정진하는 것만이 유일한 방법이라는 확언이었다. 사실 몸에만 해당하는 이야기는 아니다. '천천히, 조금씩, 아주 오랜 시간에 걸쳐' 무언가를 이루어야 한다는 말이다. 사람이 어떤 경지에 도달하는 일은, 그것이 무엇이든, 단기 과외나 퍼스널 트레이닝 같은 걸로는 선불리 꿈꿀 수 없다. 한 사람의 살아 있는 역사를 써 내려가는 작업이기 때문이다. 적어도 어떤 내공의 경지를 원한다면, 처음부터 조바심 같은 건 문밖에 내다 버려야 할 것이다.

그날 임치빈과의 대화 이후 나는 마음이 조급해지는 일이 있을 때마다 그의 말을 곱씹어보고는 했다. 잘하고 싶은 일이나 도달하고 싶은 목표가 있을 때, 하지만 생각처럼 되지 않을 때, 서두르지 말라고, 포기하지 말라고, 또한 요행을 바라지도 말라고, 스스로 다짐하게 된다. MSG가 가미된 탁상공론이 아니라, 몸으로 직접 입증해 보인 실전 잠언이기에, 그런 이야기는 얼마든지 믿고 따를 수 있다.

고독이라는 즐거움

요즘은 홀로 있어도 홀로 있는 게 아니다. 고독해지기도 쉽지 않은 시대다. 물리적 공간에서는 홀로 있다 해도 정신은 그렇지 않은 경우가 많다. SNS라는 비非물리적 세상이 별도로 존재하기 때문이다. 사람들에게서 벗어나 혼자 있다 한들, 그 순간 휴대전화를 통해 SNS를 하고 있다면, 그는 이미 '소셜 네트워크' 세상 안으로 빨려 들어가 다른 사람들과 부비부비, 부대끼고 있는 것이나 마찬가지다.

철학자 파스칼은 '인류의 거의 모든 문제는, 사람들이 자기 자신과 오랫동안 한곳에 머물지 못하기 때문에 생긴다'고 지적한 바 있다. 이제는 SNS 때문에라도 그것을 실천하기가 힘든 시대가 되었다. 비록 몸은 홀로 고요히 한자리에 머물더라도 마음은 저 화려한 '온라인 번화가'에 들어가 헤매고 있을지 모르기 때문이다.

온전히 혼자 있기는 사색과 성찰을 위한 소중한 기회다. 물리적 공간에서든 온라인 공간에서든 혼자 있는 시간 없이 남들과 계속 커뮤니케이션의 끈을 이어간다면, 그만큼 그 사람은 스스로를 돌아볼 시간을 잃게 된다. 생의 근원적인 것들을 고민할 기회가 사라진다.

홀로 있는 것은 즐거움을 찾는 일이기도 하다. 고독을 두려움의 영역에 두지만 않는다면 '홀로 있음'은 그 자체로 하나의 즐길 거리가 될 수도 있다. 사회의 온갖 소음과 공해로부터 자발적으로 단절을 택한 사람은, 지친 몸과 마음을 회복할 힐링의 시간을 가질 수 있다. 누구의 눈치도 볼 것 없이 철저히 하고 싶은 것만 할 수 있는 자유가 그 순간 주어진다. 그때 고독은 무궁한 가능성을 지닌 유희의 장이기도 하다.

고 마광수 교수는 고독한 일상에서 기쁨을 맛볼 줄 알아야 한다고 수시로 강조했다. 여러 책으로도, 대학 강의실에서도 그의 생각을 접해봤다. 마 교수는 요즘 유행하는 '혼술, 혼밥'을 시대에 앞서 주창한 선구자기도 하다. 사람들이 그(혼술, 혼밥) 습성에 익숙해져야 고독을 두려워하지 않게 되고 마음의 평화와 행복에 다다를 수 있다고 역설했다. 물론 요즘은 혼술, 혼밥을 해도 스마트폰으로 SNS나 메신저를 들여다보는 일이 많기 때문에, 그 자체만으로 완벽한 '고독의 실천'이라 보기는 힘들다. 마 교수도 생전에 이 현상까지는 미처 내다보지 못했을 것이다.

자발적 고독의 좋은 방법으로는 혼술, 혼밥 말고도 다양한 것들이 있다. 그중 대표적인 것이 여행이다. 여행지에 가서 홀로 낯선 거리를 헤매거나 광활한 자연을 내달리다 보면, 사람들과 얽혔던 관계의 굴레로부터 완벽하게 단절될 수 있다. 잠시나마 철저한 고독을 맛보게 된다. 홀로 차를 몰고 며칠에 걸쳐 국내 해안도로를 일주하거나 이역만리 낯선 대륙에서 하염없이 고속도로를 달려본 일이 있다. 그 경험은 내 인생에서 가장 충만한 기억으로 남아 있다. 철저히 혼자였지만 철저히 행복하기도 했다. 소위 '인간 공해'라는 것이 없었고 사람 관계로 부대끼고 고민할 일이 없었다. 오히려 소중한 사람들이 더 소중히 느껴지는 계기였다. 사람들에게서 멀어질수록 사람이 더 소중하게 느껴지는 일종의 역설이기도 하다.

떠날 여건이 되지 않는다면 일상에서라도 잠시 짬을 내어 혼자만의 시간을 갖는 게 좋다. 산책도 좋고 운동도 좋고, 아니면 이부자리 명상도 좋겠다. 사실 혼자 여행을 간다 한들 거기서 또 SNS 같은 걸 켜놓고 있다면, 어차피 제대로 된 고독과는 거리가 멀다. 그러니 중요한 건, 어디에 있든 그 순간의 '완전한' 고립이다. 그런 상태를 길게 유지할 필요도 없다. 그저 순간순간 짧게라도 고독의 상태를 수시로 맛보면 된다. 그러기 위해서는, 거듭 말하지만 물리적 고립만 중요한 게 아니다. 가상의 공간, 즉 온라인 공간에서도 완전히 떠나야 한다. 요즘은 사실 물리적으로 홀로 있는 것보다도 그런 식으로 홀로 있는 게 더 어려운 세상이 되어버렸다. 워낙 내 삶의 영역에 수시로 '팝업'되는 온라인 서비스가 많기도 하거니와, 그것에 중독되어 차마 손에서 내려놓질 못하는 사람도 많기 때문이다. 그러니 고독해지고 싶으면 사람보다 온라인을 먼저 끊어야 할지도 모르겠다. 영구히 끊으란 것이 아니라, 가끔씩 끊는 시늉이라도 하라는 것이다. 휴대전화도 컴퓨터도 쉴 시간이 필요하지 않겠는가. 그 대가로 주인에게 '고독할 자유'를 줄 것이다.

책이 즐겁지 않은 당신에게

어린 시절 유일한 놀이는 책 읽기였다. 책을 딱히 좋아해서가 아니고 할 거라곤 그것밖에 없었기 때문이다. 산골 마을에 마땅히 놀 거리도 없고, 스마트폰도 컴퓨터 게임도 없던 시절이었다. 친구들과 헤어져 집으로 돌아오면 골방에 틀어박혀 책을 가지고 놀 수밖에 없었다. 나이 차가 많이 나는 장성한 형들이 뒷방에 이런저런 책들을 많이 쌓아놓았는데 그것도 습관 형성에 영향을 미쳤다. 그래서 내 읽을거리는 주로 어른들의 책이었다. 『세계문학전집』『삼국지』『수호전』…… 하나같이 두껍고 내용이 복잡한 책들이었다. 깨알같이 작은 글씨로 덮인 책에는 그 흔한 삽화 하나 없었다. 한 권을 다 읽으려면 몇 주 몇 달이 걸렸다. 어렵고 때론 지루했지만, 책에서 풍기는 특유의 냄새가 좋았다.

읽다가 지겨우면 책을 쌓아 건물 모양을 만들고 그 안에 바둑알 같은 걸 넣어 혼자 전쟁놀이를 하기도 했다. 아무도 없는 골방에서 조용히 책을 읽노라면, 한 장 한 장 책장 넘기는 소리에 묘한 중독성이 있었다. 적막 속에서 손가락에 침을 묻혀가며 종이를 부비는 소리는, 요즘으로 치면 천연의 'ASMR'이었다.

뜻도 잘 모르고 읽던 두꺼운 책들은 그런대로 내 성장의 자양분이 되었다. 글을 쓰고 말을 하는 내 직업의 밑천은 9할이 그 시절 책들로 만들어졌다고 해도 과언이 아닐 것이다. 초등학교 시절 간혹 상을 받으면 그것도 대부분 글짓기 대회에서였다. 연습이나 과외가 아니라, 놀이로서의 책 읽기를 통해 쌓은 나도 모르는 잔재주였다.

그 시절의 나와 달리 요즘 아이들에게는 '재미있는' 것들이 너무 많다. 책은 우선순위에서 한참 밀려났다. 컴퓨터와 태블릿PC, 스마트폰에 밀려 장난감조차 옷장에 처박히는 시대다. 책 읽기를 놀이의 영역으로 두기란 여간 어려운 일이 아니다. 유튜브와 포털이 곧 세상의 창인 아이들에게 책은 정보 제공 기능에 있어서도 한참 뒤처진다. 읽는다 해도 전략적 필요에 의한 경우가 많다. 국어 성적을 위해, 논술 소재를 위해, 입시를 위해, 부모가 시켜서, 선생님이 하라는 대로 책을 읽는(혹은 읽어야 하는) 아이들이 대부분이다.

진심으로 즐기는 독서가 아니라 의무적으로 해야 하는 과제로서의 독서는 한계를 지닌다. 말과 글의 공력으로 쌓이기 어렵다. 쌓인다 해도 그것은 시험을 위한 임시변통 내공이지 삶의 내실을 다지는 내공이 되기 힘들다. 성인들에게도 읽기나 쓰기가 삶에 있어 어떤 '어려움, 거북스러움'의 영역에 있다면, 살아온 기간 동안 그것들을 줄곧 '피하고 싶은' 숙제처럼 대해왔기 때문일지도 모른다. 본인들 잘못은 아니었을 것이다.

글을 읽고 생각으로 소화하고 다시 그 생각을 말이나 글로 풀어내는 일은 삶을 보다 풍요롭게 만드는 자양분이 될 수도 있다. 그렇게 되기 위해서는 과정의 즐거움이 반드시 필요하다. 즐거운 독서만이 말과 글의 튼실한 씨앗으로 파종된다. 수백 수천 권의 책으로 토양만 넓게 다졌다 한들, 정작 그 씨앗이 제대로 뿌리 내리지 않으면 좋은 글, 좋은 말을 수확할 수 없다.

그래서 독서는 어릴 때부터 즐거움의 영역으로 남겨두어야 한다. 안타까운 것은 요즘 많은 부모들이 아이들의 책 읽기를 그런 관점으로 접근하지 않는다는 사실이다. 즐거움의 영역은 스마트폰 게임이나 유튜브 영상 같은 데 맡겨두고, 책은 이른바 '스펙'의 영역에 가두는 경우가 많다. 그럼 아이는 점점 책 읽기를 즐거워하지 않게 된다. 숙제라든가 의무감을 가져야 하는 것들은 그것이 무엇이든 일단 '재미없는' 존재기 때문이다. 그렇게 책이 즐거움의 영역에서 서서히 멀어지면, 그 아이는 인생에 중요한 것 하나를 잃고 마는 셈이다.

그럼 어떻게 해야 책과 가까워질까? 어떻게 해야 책 읽는 일을 자발적인 유희의 영역에 다시 가져올 수 있을까? 사실 그 답은 모든 부모가 알고 있다. 다만 인정하기 싫거나 외면하고 싶을 뿐이다. 책과 가까워지는 방법을 찾으려면 책과 멀어진 이유부터 찾아서 고치면 된다. 우리 아이가 왜 책과 멀어졌는지, 무엇 때문에 책을 외면하게 되었는지, 조금만 고민해봐도 답은 바로 나온다. 아이의 관심이 다른 어디로 쏠려 있는지는 부모가 가장 잘 알 것이다. 그걸 아이에게서 멀리 떨어뜨리면 된다. 책이 눈에 들어오도록 다른 걸 치우면 된다. 단순하다. 자극적인 것들에서 멀어져야 책이 재미있어진다. '놀 게 없어서' 어쩔 수 없이 책을 들춰야 했던 어린 시절의 나처럼 말이다.

마음 바라보기

"매일 입을 옷을 고르는 것처럼 생각을 고르는 법도 배워야 해. 인생을 통제하고 싶으면 정신부터 차려."

영화 〈먹고 기도하고 사랑하라〉에 나오는 인상적인 대사다. 얼마나 선득한 이야기인가?

'인생을 통제하려면 정신(생각, 마음)부터 통제해라.'

행동도 말도 잘 가리지 못하고 사는 우리가, 그보다 더 근원적인 정신의 고삐를 틀어쥔다는 건 쉬운 일이 아니다. 그래서 동서고금을 막론하고 인류의 현자들은 수십 세기에 걸쳐 이 문제를 화두로 다루어왔다. 날뛰는 마음을 붙잡아 내 통제 아래 두는 것, 그중에서도 1순위는 '화 다스리기'다.

화는 마음속에서는 '화火'이고, 마음 밖으로 불거져 나오면 '화禍'가 된다. 자기 마음을 태우거나 남을 해하거나 둘 중 하나다. 어느 쪽이든 재앙이다. 개인적으로도 그렇고 사회적으로도 그렇다. 공동체를 해치는 온갖 범죄와 악행의 근원에도 상당 부분 이 '화'가 똬리를 틀고 있다. 그래서 각종 철학서, 명상서마다 불멸의 레퍼토리로 화에 대한 처방전을 모색한다.

저마다 제시하는 해법이 다르겠지만 공통되게 관통하는 메시지가 있다. 바로, 최대한 빨리 화를 본인의 통제 아래 가두라는 것이다. 고삐 풀린 망아지처럼 입으로, 행동으로, 뛰쳐나가기 전에 멈춰 세우라는 것이다. 그리고 그 핵심 기술로 많은 현인들이 제안하는 것이 '마음 바라보기' 요법이다. 화가 솟구치려는 찰나, 거기에 그대로 휩쓸리지 말고, 그 순간 마음의 요동과 흐름을 가만히 바라보라는 것이다. 가슴에서 작은 씨앗 하나가 올라오고 그 씨앗 위에 불길이 붙고 그것이 건잡을 수 없는 기세로 번지는 과정을, 어느 단계에서든 물끄러미 응시하라는 이야기다. 그러면 자각이 시작된다. 화를 촉발 시킨 사소한 사건들을 자꾸 곱씹으면서 감정을 키우는 게 아니라, 화로 인해 흔들리는 내 감정 자체를 들여다보는 객관 시스템이 가동한다. 말 그대로 객관客觀이다. 내가 나를 '객'처럼 바라보는 것이다. 다른 말로 비유하자면 '유체이탈' 같은 걸지도 모르겠다.

'아…… 내가 나를 가만 들여다보니 나라는 자아는 지금 화가

나 있구나. 화가 나는 생각을 자꾸 하고 있구나. 분노할 대상들을 떠올려 자꾸만 곱씹고 있구나.'

이 인지체계가 가동되면 8할은 성공이다. 스스로 '상태'에 관한 인식이 시작되면 마음은 화로 쏠리던 집중력을 순간 다른 데로 돌리게 된다. 사유의 초점이 주인의 상태를 살피는 일로 옮겨간다. 명상가들은 그 순간 호흡에 집중할 것을 추천하기도 한다. 집중할 대상이 무엇이든 마음의 초점을 화가 아닌 다른 무언가로 잡아끄는 게 핵심이다. 그 단계까지만 가도 일단 망아지처럼 날뛰던 화가 멈칫거린다. 거기 끌려가려던 마음이 고삐를 단단히 틀어쥐고 중심을 잡기 때문이다. 이것은 내 주장이 아니고 거의 모든 마음공부 선생님들의 일관된 가르침이다. 허무맹랑하거나 거창한 설법 같은 게 아니고 종교나 사상과도 무관하다. 그저 인지하고 바라보는 것, 그거면 된다.

어떤 것이든 부정적인 감정이 솟구치려 할 때 마음의 격한 흔들림을 깨닫고 그 즉시 생각의 초점을 전환하면 된다. 부정적 감정의 유발인자들(사람이든 사건이든)로부터 초점을 즉각 거두고, 거기 휩쓸리려 했던 내 심리 상태로 초점을 옮긴다. 어린아이처럼 보채는 마음을 관찰하는 데로 돌리라는 것이다. 그 관찰만으로 상당한, 아니 엄청난 진정효과가 발생한다. 바꾸어 말하면, 그렇게 하지 않을 경우 화를 진정시키지 못해 결국 통제 불능 상태로 치달을 수 있다는 이야기다. 통제에서 벗어난 화는 끝내 행동으로 표출되기도 한다. 그것이 곧 '사고를 치는' 일이다.

나는 어린 시절 무척 다혈질이었다. 화를 잘 참지 못했다. 친구들과 다툼이 잦았고 인간관계에서 손해도 많이 봐야 했다. 남에게도 무수히 상처를 주었다. 그래서 대학생이 되고 난 후 여러 가지 방법을 모색해봤다. 참선도 해보고 명상도 해보고 호흡법도 배워보고, 할 수 있는 거의 모든 방법을 시도해보았다. 종교는 딱히 갖지 않았다. 특정 종교와 무관한 방법들 위주로 접근했다. 그런데 이런저런 공부를 종합해보니 결론은 하나였다. 다 다른 이야기를 하고 있는 것 같았지만 결국은 같은 이야기였다. 바로 '마음 바라보기', 그 단순한 게 해법이었다. 하면 할수록 마음을 관찰하고 화를 멈춰 세우는 연습은 성공률이 높아졌다. 물론 지금이라고 화를 완벽하게 통제하는 것도 아니고 성격의 뿌리가 어디 가는 것도 아니겠지만, 그 방법이라도 몰랐다면 내 사회생활이 훨씬 곤란해졌을 것이다. 사실, 열에 서너 건만 다스려도 성공이다. 열에 한 건을 못 다스리는 바람에 인생 전체가 망가지는 사례를 얼마든지 볼 수 있다.

그래서 '마음 바라보기'는 필수적으로 익혀야 하는 호심술護心術이다. 호신술만 중요한 게 아니라 호심술도 중요하다. 이 단순한 기술은 비단 화뿐만 아니라 모든 종류의 부정적 감정에 대입 가능하다. 시기, 질투, 후회, 불안, 슬픔, 좌절…… 그 모든 것들을 마치 제3자가 된 것처럼 바라보는 것이 핵심이다. 잠시 유체이탈이라도 한 것처럼 내 자의식이 밖으로 빠져나와 마음을 가만 들여다본다고 상상하는 것이다. 혹자는 그 마음 위에 '철부지 아이'가 앉아 있다고도 상상한다. 그 아이를 살살 달래는 일은 곧 내 감정을 달래는 일이다. 그러다 보면 놀랍게도 차분함이 뒤따른다. 감정의 불씨가 그 자리에서 더 커지지 않고, 주인의 다음 반응을 기다리며 멈추어 서 있는 경험을 하게 된다.

'월든' 숲에서 홀로 살며 지혜를 닦았던 미국의 현자 헨리 데이비드 소로도 그의 전 생애를 통틀어 청빈과 함께 이 자아관찰자적 태도를 강조했다. 스스로에게 거리를 두고 자아를 멀찌감치 물러서서 바라보는 것이 지혜의 핵심이라고 설파했다. 무릇 바깥 세상을 관찰하는 일은 재미있고, 사랑하는 사람을 관찰하는 일은 행복하겠지만, 나를 관찰하는 일은 스스로를 더 안전하게 만들어 준다. 세상을 더 즐기고 사랑하며 살기 위해서라도 그 안전판부터 잘 갖추어야겠다.

엄마의 한,
여자의 화

어머니는 마음 바라보기 요법 같은 걸 몰랐다. 그래서 일평생 가슴속 화를 다스리지 못해 지독히도 고생하고 사셨다. 일제강점기 끝 무렵 태어난 어머니는 "여자는 학교도 보내면 안 된다"고 하시던 외할아버지에게서 남존여비를 체험하며 자랐다. 전쟁이 터지는 통에 이북에서 피난을 내려와 고향을 잃기도 했다. 결혼 후에도 집 밖으로 돌기 좋아하는 남편과 위아래로 열여섯 살 차이가 나는 5남매를 건사하느라 손에 물 마를 날이 없었다.

일생에 걸쳐 한의 연속이었다 해도 과언이 아닐 것이다. 그 한이 밖으로 불거질 때 가장 흔한 형태로 표출되는 것이 '화'였다. 회한이나 원망도 결국은 다 화로 수렴되었다. 표출이라고는 하지만 그것이 남을 향해 표출되는 것도 아니고 화살은 결국 당신 자신을 겨누었다. 화의 시작점도 어머니 마음이었고, 종착점도 어머니 마음이었다. 그 안에서 가라앉았다 솟아올랐다 맴돌았다 사그라들다를 반복하며 결국 당신 영혼만 붙들고 괴롭혔다. 화의 불씨를 가둬두었던 마음의 감옥은 결국 어머니 자신의 감옥이었다.

어느 해인가 어머니는 이웃의 자전거를 얻어 탔다가 비탈길을 구르는 사고로 '외상 후 스트레스'성 우울증을 앓았다. 치료를 위해 병원을 찾았다 의사 앞에서 폭풍 오열을 하기도 했다. 정신과 전문의의 유도에 따라 마음속 묵은 이야기들을 털어놓다가 그만 주체할 수 없는 눈물이 터진 것이다. 그렇게 한바탕 울고 나자 속이 후련해졌고 어머니는 그것으로 어느 정도 '치유'가 되었노라 믿었다. 그러나 실은 그때뿐이었다. 상처의 기억들이라는 게 말 몇 마디를 타고 녹아 없어질리 만무하다. 입 밖으로 나온 상처들은 근본적으로 사라지는 게 아니라 어딘가를 맴돌다 이내 회귀해서는 두고두고 마음 밭에 화의 씨앗으로 내려앉았다. 씨앗은 조금의 자극에도 발아했고, 그렇지 않으면 어머니 스스로 그것들을 파내어 곱씹었다. 그 과정의 무한반복이었다.

나중에는 그 화가 몸의 병으로 옮겨붙었다. 각종 내과 질환이 생겼고 위장약을 달고 살았고 진단도 나오지 않는 악성 류마티스에 온몸의 뼈마디를 잠식당했다. 지금 어머니의 손발과 팔다리의 모든 관절은 흉측하게 튀어나왔다. 종합병원에서도 원인 규명이 안 된다는 그 병의 인자를 어머니와 나는 화로 유추한다. 그 화는 옛 기억들을 파먹으며 끈질기게도 생존한다.

영화 〈엘 시크레토: 비밀의 눈동자〉에 이런 대사가 나온다.

"잘 골라요. 끝까지 남는 건 기억밖에 없으니까…… 좋은 것(기억)만 골라서 남겨둬야 해요."

내 어머니가 그렇게 하실 수 있었다면 얼마나 좋을까…… 좋은 기억만 골라서 남겨두고 나쁜 기억들은 골라내서 버릴 수 있었다면 그토록 곪은 상처를 끌어안고 살지 않았을 텐데. 아마도 이 땅의 어머니들은 대부분 마찬가지일 것이다. 가부장적이고 남성 중심적인 사회를 살며 질곡의 현대사까지 관통해왔으니 얼마나 많은 한이 가슴에 쌓였겠는가? 갖은 설움과 치욕의 순간들을 기억 속 저금통에 차곡차곡 쌓아뒀다가 틈나는 대로 인출해 화에게 지불했을 것이다. 원망과 분노 같은 것들은 화로 발현되는 즉시 불길이 붙는다. 그 불길이 몸과 마음의 병으로 옮겨붙는다. 나의 어머니, 우리네 어머니들은 그 불길을 잡는 법을 잘 알지 못하였다. 배운 적도 없고 생각할 겨를도 없었다. 그저 먹고 사는 게 바빴고 식구들 뒷바라지에도 시간이 모자란 세월이었다. 마음의 치유 같은 건 방법이 따로 있는 줄도 몰랐을 테고, 알았다 한들 일종의 사치처럼 여겼으리라. 그저 같은 처지인 엄마들끼리 만나 말로 털어놓고 한탄하는 것만이 유일한 해소법이었을 터. 그것이 한과 화를 다루는 어머니들의 방식이었다. 하지만 말로 한숨으로 잠시 허공에 날린 화는 멀리 가지 못한다. 금세 다시 돌아와 마음에서 파종한다. 싹이 움트면 또 불이 붙는다. 끝없는 도돌이표였다. 그러다 결국, 몸과 마음에 다들 큰 병이 들곤 했다. 울화병이라고도 했다. 한 번씩 설움이 폭발하면 주먹으로 가슴을 탕탕 내리치며 오열하던 우리네 어머니, 할머니 들 모습이 선하지 않은가. 그 모습, 아버지들에게는 드물던 그 모습이 바로 울화병의 발현이었을 것이다.

세월이 바뀌어서 이제는 '여자의 한'이라는 걸 숙명으로 받아들이지 않는다. 오랜 세월 여성들을 옥죄었던 수많은 부당 처우들이 더 이상 당연한 것으로 용인되지 않는다. 2019년 설에는 며느리들의 '명절 사표' 소식까지 뉴스에 나왔다. 남자들만 쏙 빠지는 차례상 차리기를 거부하겠다는 운동이다. 법원에서 명절에 시댁에 소홀히 한 것이 '이혼 사유'라고 판결하던 전례를 생각하면 격세지감이다. 1990년대 말까지도 우리 사법부에서 그런 판결이 나왔다. 판결은 맥이 끊겼어도 관습은 여전히 남아 있다. 설이든 추석이든 손에 물 묻히는 일은 여자들이 거의 도맡고 그 시간에 남자들은 모여 앉아 술을 마시거나 화투를 쳤다. 어떻게 해석해도 불평등 말고는 설명할 여지가 없는 일이다. 그런 관행에 이제 본격적으로 반기를 들기 시작하였다. 사실 '반기反旗'라 할 것도 없다. 그저 제자리를 잡아가는 과정일 뿐.

가족 간 호칭에 대해서도 근본적인 문제 제기가 시작되었다. 처가에는 '집 가家' 자를 붙이고, 시댁에는 '집 댁宅' 자를 붙여왔다. 후자만 높임 표현이다. 남편의 동생은 도련'님', 서방'님', 아니면 아가'씨'인데, 아내의 동생은 처제 아니면 처남이다. 뿌리부터 차별이 깔린 이 표현들도 바로 잡자는 운동이 본격화되고 있다. 그냥 두면 화火 아니면 화禍가 될 것이 자명하기에 더는 그냥 두지 않기로 한 것이다.

이제 여성들은 모든 불합리한 관행들을 화의 씨앗으로 품으려 하지 않는다. 그 싹을 잘라내는 일에 기꺼이 연대하고 행동을 도모한다. 이것은 시대의 흐름이라 하기에도 이미 많이 늦은 일이다. 진즉에 바로잡았어야 할 응당한 순리다.

그 풍경을 이제 우리네 어머니, 할머니 들이 지켜본다. 자신들에게는 기회조차 없던 일이지만 그 딸과 며느리, 손녀 들이 새로운 세상을 열어가고 있다. 비록 당신들은 누리지도, 꿈꾸지도 못했던 일이지만, 그들의 딸과 며느리가 이루는 일이 곧 그들 자신의 일이기도 하다. 한과 화가 아무리 많다 한들 어머니 가슴속에 사랑만큼 큰 것은 없다. 어머니의 사랑은 모든 것을 덮고도 남는 바다다. 그래서 다음 세대가 행복으로 가는 길을 기꺼이 지지하고 축복해줄 것이다. 아마도 그것이 당신들의 한을 치유할 수 있는 방법일지도 모른다. 어쩌면 우리네 어머니에게 필요한 것은 마음 바라보기 같은 임시변통보다도 바로 그것, 당신들의 딸 · 며느리가 맞이하게 될 '다른 세상'이 아닐까 싶다.

이별,
무심하고
무심하지 않은

병실 창밖으로 감옥이 보였다. 여러 해 전 어머니가 입원한 서울 독립문역 근처의 병원, 그 길 건너로는 옛 서대문형무소 역사관이 보였다. '메니에르병'이라는 희귀질환을 앓던 어머니는 틈만 나면 병상 창가에 붙어 앉아 길 건너 감옥으로 찾아오는 봄을 바라보았다. 공원으로 이어지는 한갓진 풍경에 소풍이나 현장학습을 나온 아이들의 재잘거림이 더해지면 지루한 병실 감옥의 시간을 견디는 데 안성맞춤이었을 것이다.

그러던 중 친구가 생겼다. 2인용 병실의 다른 침상에 95세 할머니가 들어왔다. 낙상으로 입원한 그 할머니를 63세 딸이 돌보고 있었다. 그래서 친구가 한꺼번에 둘이나 생겼다. 칠순을 한 해 앞둔 어머니는 자연스레 그들에게 마음을 열었다.

그렇게 90대 상할머니와 60대 중할머니 둘, 세 여인이 세란 병원 507호 병실의 동거인이 되었다. 95세 할머니가 말이 제일 많았고, 그다음이 우리 어머니, 할머니의 딸은 말수가 가장 적었다. 젊었을 때 무용을 한 이력 덕분인지 동안童顔인데다, TV 리모컨이다 뭐다 웬만하면 모두 양보하는 속 깊은 여인이었다.

맞벌이인 우리 내외가 병실에 가 있지 못하는 시간 동안 95, 69, 63세의 세 여인은 꽤나 많은 속 이야기를 나눈 것으로 추정된다. 왜냐면 어머니가 퇴원하던 날, 글썽이는 눈으로 서로를 다독이던 그 짧은 이별의식이 모든 걸 말해주었기 때문이다. 세 사람은 그즈음에 서로를 '알고' 있는 눈치였다. 어머니가 무슨 이야기를 털어놓았을지는 훤히 짐작하고도 남았다. 전쟁통에 피난 내려와 갖은 고생을 다 하며 살았던 이야기, 시골에서 5남매를 건사하며 보냈던 질곡의 시간들. 눈물 없이는 들을 수 없는 그 팍팍한 사연들을 왜 말하지 않았겠는가? 황혼의 세 여인이 함께 세끼 밥을 먹고, 잠을 자고, 창 너머 서대문형무소 옛터의 잔디밭을 내려다보던 시간 동안, 어찌 그 이야기를 나누지 않았겠는가? 링거 수액 한 방울에 눈물 한 방울씩 섞어가며 두런두런 넋두리를 나누었겠지.

95세 할머니와 63세 딸이 운다. 이별 앞에 선 백발의 여인들이 아이처럼 어깨를 들썩인다. 69세 어머니의 손을 잡고 당부하고 또 당부한다.

"이제 나가시면, 다시는 여기 오지 마시고, 건강히, 알았지요? 손주들 돌봐주는 것도 좋고, 다 좋지만, 뭐니 뭐니 해도 그저 내 몸! 내 몸부터 챙기는 거, 알지요? 건강하세요. 건강해야 돼요!"

남은 생에 다시는 못 볼 인연들이 간결한 이별을 치른다. 맞잡은 손들은 쉽게 떨어지지 않는다. 살아낸 시간만큼 눈물도 많아지는 것인지 맥없이 붉어진 눈빛들이 진액처럼 서로에게 뒤엉켰다. 삶의 황혼, 그 적막한 시간의 한 부분을 공유한 나이든 여인들의 이별의식이 그렇게 먹먹하게 흘러간다. 돌아서면 다시 남이다.

퇴원 수속을 마치고 짐을 챙겨 집으로 돌아오는 길, 왜 연락처 하나 나누지 않았느냐고, 전화번호라도 주시지 그랬느냐고 어머니에게 묻자 이렇게 답한다.

"그런 걸 뭐하러…… 다 늙어서. 이제 또 언제 본다고……"

병원으로 전화해서 지금이라도 물어볼지 묻자, "부질없는 일"이라 일축한다.

구급차에 실려 응급실로 내달리던 그날부터 한참 만에 집으로 돌아가는 길. 계절은 이도저도 아닌 겨울과 봄의 중간 어디쯤이었다가 어느덧 선명한 봄의 한복판으로 이동해 있었다. 나무의 색깔이 초록으로 바뀌고 꽃나무의 머리숱이 한껏 무성해졌다. 정수리가 훤히 드러난 백발 어머니의 차창 밖으로 계절은 그렇게 절정의 생명력을 향해 무심히 달려가고 있었다. 어머니는 그날, 늦깎이 친구들과도 이별하고 계절과도 이별하고 자신의 젊음과도 이별하였다. 무심한 듯, 무심하지 않게. 매 순간이 이별이다.

윤회의 수레바퀴

어느 해이던가, 휴가의 마지막 날 부모님을 모시고 온천에 다녀왔다. 병환 때문에 여행이라고는 국내관광조차 제대로 못 하는 아버지와 그런 아버지를 두고 해외여행은 꿈도 못 꾸는 어머니가 안쓰러워 여름휴가가 끝나기 전 집에서 그리 멀지 않은 온천에 모시고 갔다.

아버지는 그전까지 한 번도 온천에 간 적이 없었다. 못 간 건 아니고 체질 때문에 일부러 피하셨다. 타고 나기를 워낙 열기가 왕성한 분이라 더운 날씨, 뜨거운 물 같은 걸 일절 참지 못한다. 한겨울에도 냉수로만 샤워를 할 만큼 '찬 기운'만 좋아하는 분이었다.

그런 당신이 뜨거운 온천 행에 선뜻 동의한 것은, 몇 년의 투

병 생활을 거치며 체질이 바뀐 덕이었다. 수차례 생사의 고비를 넘기며 지독한 신장 투석을 받아오다 보니, 더운 걸 못 참고 추위에 강하던 체질은, 추운 걸 못 참고 더위를 잘 견디는 체질로 완전히 바뀌어버렸다. 그도 그럴 것이, 온몸의 피를 인위적으로 교체하는 투석을 많을 때는 하루 네 번씩이나 받았으니 체질이 180도 바뀌고도 남았으리라.

강원도에 사실 때는 병원이 가깝지 않아 자가自家 복막투석을 했는데 보통 곤욕이 아니었다. 배에 두 개의 관을 꽂고 한쪽으로 2~3킬로그램짜리 투석 용액을 집어넣으면 그게 혈액에 섞여 온몸의 혈관을 타고 돈 뒤 다시 반대쪽 관으로 빠져나온다. 그 작업을 집에서 하루 네 번씩 하였다. 기능이 정지된 신장을 대신해 약물과 의료기기가 혈액을 걸러주는, 말 그대로 '연명 치료'였다.

반세기를 살아온 강원도 산간마을을 떠나 아들 집 근처로 상경한 것도 그 때문이었다. 서울에는 병원이 가까이 있으니 통원투석을 하면 횟수를 크게 줄일 수 있었다. 복막투석 대신 혈액투석으로 바꾸는 건데, 이건 2~3일에 한 번이면 되었다. 하지만 혈액투석은 매번 팔뚝의 혈관에 마취도 없이 굵은 투석관을 꽂는 작업을 견뎌야 한다. 가뜩이나 몸이 쇠할 대로 쇠해서 혈관도 잘 안 잡히기에 한 번에 서너 군데씩 주삿바늘을 찔러야 겨우 관이 연결되었다. 그렇게 삽입에 성공하면 꼬박 네 시간을 꼼짝없이 누워 투석을 받았다. 이런 방식으로 견뎌온 시간이 여러 해. 그래서 체질이 바뀌었고 온천에도 가게 되었다.

아버지는 조금 창피해하는 것 같았다. 옷을 벗자마자 수건으로 몸을 가렸다. 강철 같은 팔로 아들을 안아 올리던 젊은 시절의 육신은 온데간데없고 쪼그라든 몸만 남은 것을 어쩌면 초라하게 느꼈는지도 모르겠다. 그래서 나는 일부러 아버지의 몸을 쳐다보지 않았다. 욕탕으로 향하는 복도에서도 내가 등을 보이고 앞장서 걸었다. 느리고 느린 아버지의 발걸음이 내 뒤를 따라붙었다.

온천탕은 탈의실에서 한 층 아래, 꽤 가파른 계단을 걸어 내려가야 들어갈 수 있었다. 아버지는 투석치료를 시작한 이후로 평지에서도 돌부리 같은 데 발만 살짝 부딪치면 넘어질 만큼 몸의 근력과 균형 감각을 잃고 말았다. 그래서 계단이나 비탈길은 부축이 필요한데, 목욕탕은 바닥에 물기까지 많아 한결 더 위험했다. 조심스럽게 팔뚝을 잡아드렸다. 마시멜로처럼 말랑말랑했다. 또 창피해하실 것 같아 손아귀에서 힘을 조금 뺐다.

샤워를 마치고 열탕에 몸을 담갔다. 당신 말씀에 따르면 "반세기 만에 처음으로" 발을 들여놓는 공간이었다. 그런데도 뜨겁다고 힘들어하지 않고 아주 자연스럽게 몸을 탕에 넣었다. 처음에는 허리 아래로만 담그더니 이내 목이 잠기도록 깊숙이 미끄러져 들어갔다.

"내가 온천을 다해보는구나." 그러고는 10분가량을 나란히 앉은 채 우리 부자는 말이 없었다. 평소에도 워낙 대화가 드문 사이였으니 딱히 어색할 일은 아니었다. 돌이켜보면 아버지와 나는 단둘이 밥을 먹어본 기억도 없다시피 했다. 1대 1로 대화를 나눠본

일 자체가 손에 꼽을 정도였다. 그날 그 욕탕에서는 서로 마주 보지도 않고 옆으로 나란히 앉았으니 더더욱 어색할 건 없었다. 다만 침묵 속에서 서로의 숨결을 더 잘 들을 수 있었다. "그르렁그르렁" 하며 아버지의 낡은 장기들이 내는 소리……

입욕을 마치고 냉탕에 한 번 들어가시겠냐고 여쭙자, 이제는 찬물이 아예 싫다고 하였다. 계단을 올라 다시 탈의실로 돌아가는 길에는 내려올 때와 달리 부축을 사양하였다.

"괜찮아. 올라가는 건 내려가는 것보다 덜 힘들어."

맞다. 오르막이 내리막보다 오히려 덜 힘든 건지도 모르겠다. 어쩌면 인간의 모든 내리막은 오르막보다 견디기 어려운 일인지도 모른다. 정상을 찍고 '아래로 꺾여' 내닫는 길과, 정상을 향해 '위를 바라보며' 치닫던 길. 돌이켜보면 어느 쪽이 더 힘들었을까? 아버지는 분명 내리막이 더 힘들어 보였다. 몸으로나 마음으로나, 계단에서나 인생에서나.

이번에는 내가 앞장을 서지 않고 한 발짝 떨어져 아버지의 등 뒤를 따라 오른다. 혹시라도 미끄러져 넘어지거나 떨어지면 밑에서 받아드리기 위해서다. 조금은 위태위태하게 아버지가 계단을 올라간다. 아! 하고 머릿속에 섬광 같은 기시감이 든다.

저 모습. 위태롭게 위를 오르는 모습. 누군가의 그런 뒷모습을 아래에서 조마조마하게 지켜보는 것이 그때가 처음이 아니었다.

불과 얼마 전에도 경험하였다. 바로 내 아들, 이제 막 걸음마를 떼고 계단을 기어오르던 아들을, 밑에서 마음 졸이며 올려다보던 게 몇 달 전이었다.

그날 생애 첫 계단에 발을 내딛던 아이의 뒷모습이 마치 '데자뷰'처럼 아버지 뒷모습에 겹친다. 내 늙은 아버지의 등을 보는 일은 어느 순간 내 어린 아들의 등을 보는 일과 같은 것이 되어 있었다. 시간을 더 거슬러 올라가면, 수십 년 전의 아버지도 내가 서툰 발걸음으로 첫 계단을 오를 때 밑에서 조마조마한 심정으로 지켜보고 계셨을까? 지금의 당신을 내가 그렇게 바라보고 있듯이.

모든 것은 그렇게 돌고 돌아가는 수레바퀴 같았다. 한 치의 오차도 없이 바큇살은 처음 그 자리로 돌아온다. 매 순간, 모든 인연이, 거역할 수 없는 윤회의 수레바퀴 안에 있었다.

안녕히들 가십시오

"아빠! 내가 좋아하는 아빠, 왜 아파서 누워 있어요? 죽는 건 아니죠?" 오래전 아주 지독한 소화기 질환을 앓던 날, 이제 막 세 살을 넘긴 딸아이가 곁에 앉아 이런 말을 재잘거렸다. '죽는 거 아니냐'는 말에 피식 웃음이 나고 말았다. "내가 좋아하는 아빠"라는 말에도 슬쩍 미소가 번졌다. 그러나 잠시뿐이었다. 기분 좋은 말은 기분 좋은 '말'일뿐, 그 달콤한 위로가 몸의 통증을 가라앉히지는 못했다. 딸아이가 밖으로 나가자마자 다시 침대 위를 데굴데굴 굴러야 했다. 그러면서 뜬금없이 죽음이라는 것에 대해 새삼 생각해보았다. 그날의 다이어리를 들추면 이렇게 적혀 있다.

"이것은 결국 별개의 문제지. 사랑하는 사람과 상관없이 병들고, 늙고, 아파하고, 최후에는 죽어가는 일. 어차피 나 혼자 오롯이 대면해야 하는 일.

죽음이란 그 어떤 위로도, 관심도, 애정으로도 막을 수 없는 단호한 수순이다. 때가 오면 누구나 홀로 죽음과 마주해야 하는 것이 살아 있는 것들의 숙명이다. 그 모든 회한과 두려움과 애착을 정면으로 껴안고 맞이하게 될 독존의 죽음 말이다.

그래…… 언제가 될지 모르겠지만 이걸 준비하며 살아야겠구나. 그날, 그 마지막 순간, 사랑하는 이들의 눈을 동요 없이 차분히 바라볼 수 있는 내면의 힘을 길러야겠구나.

두려움으로 가득 찬 쫓기는 죽음은 피하자. 내 마지막 모습을 사랑하는 이들에게 그런 식으로 남기지 말자."

'메멘토 모리**Memento mori**'라는 말이 있다. '죽음을 기억하라'는 라틴어 문구다. 누구든 반드시 죽는다는 사실을 각인시키는 잠언이다. 동시에, 아무렇게나 죽음을 맞이하지 말고 가급적 의연하고 충만하게 마지막을 준비하라는 당부이기도 하다. 고대 로마에서는 전쟁에서 이기고 돌아오는 개선장군에게 이 말을 외치기도 했다. 거기에는 "당신이 행한 살육을 너무 자축하지 마라. 당신도 언제 죽을지 모르니 항상 그 사실을 기억하고 준비하라"는 주문이 담겨 있었다고 한다.

죽음을 미리 생각하고 준비한 사람은 떠나는 길에 의미 있는 족적을 남기기도 한다. 장기 기증을 하는 사람들이 그렇다. 좋은 일에 써달라며 재산을 사회에 환원하고 가는 사람도 마찬가지다. 끌려가듯 피동적으로 휩쓸리는 죽음이 아니라, 그 사람의 주체적 의지로 무언가 가치 있는 것을 세상에 남기는 죽음이다.

법정 스님이 생의 마지막을 갈무리한 곳은 서울 성북동 길상사다. 그곳에서 이승과 작별했다. 나는 딱히 불교 신자는 아니지만, 종종 절에 가서 살아생전 그의 법문을 듣고는 했다. 종교적 메시지를 떠나 삶에 관한 여러 지혜의 말씀을 들을 수 있었기 때문이다. 법정 스님은 병환이 심해지기 전까지 줄곧 강원도 산골 오두막에서 홀로 지냈는데, 그러면서도 정기적으로 한 번씩 서울로 올라와 길상사에서 공개 법회를 하곤 했다.

길상사는 참 재미있는 곳이다. 국내 최대 규모의 요정(주로 고위층들이 많이 찾던 기생집)이었던 '대원각'을 사찰로 탈바꿈시킨 아이러니한 곳이다. 주지육림酒池肉林의 상징과도 같은 곳이 청빈을 강조하는 종교시설로 변모했으니 말이다.

요정 주인이 세상을 떠나기 전 남긴 중대한 '결단' 덕분이었다. 대원각 주인은 젊은 시절 시인 백석의 연인으로도 알려진 김영한 여사다. 그녀는 평소 '맑은 가난'을 강조한 법정 스님에게서 큰 감명을 받아 자신의 마지막을 고민하기 시작한다. 그리고 대원각과 그 방대한 부지를 기부해 사찰로 바꿀 것을 결심한다.

'법정의 절'로 유명한 길상사는 그렇게 탄생했다. 참 역설적이지 않은가? 한국 근현대사를 관통한 '욕망의 밀실'이, 가장 맑고 고요한 '수행의 뜰'로 바뀌었으니 말이다. 정치인들과 기생이 뒤엉켜 상다리를 두들겼을 그 골방마다 이제는 젊은 승려들이 들어앉아 면벽 수행을 하고 있다. 극과 극은 결국 하나로 통한다 했던가? 이 경이로운 장소는 그 자체로, 고인의 죽음이 얼마나 가치 있는 일로 승화되었는지를 여실히 보여주고 있다. 자칫하면 수전노의 생으로 끝났을지 모를 삶의 여정이, 마지막 죽음의 과정을 앞두고 세상에 큰 울림을 주는 쪽으로 방향을 틀었다. 지혜롭게 준비하는 죽음은 이처럼 아름다운 삶의 결말을 맺는다. 그저 피하려고만 애를 쓰다 두려움 속에 끌려가듯 생을 마무리하는 것과는 분명히 다르다. 주체적 삶만 중요한 것이 아니라 주체적 죽음도 중요하다.

법정 스님도 죽음을 앞두고 마지막 순간을 맞이할 장소로 길상사를 택했다. 때가 되자 그는 더 이상 병원에 의지하지 않았다. 병실을 나와 주체적으로 마지막 삶을 살아내다 길상사 도량에서 열반에 들었다. 그에 앞서 몇 달 전 마지막 법문을 한 곳도 길상사였다. 나는 그날 그것이 스님의 마지막 법회인지도 모르고 물끄러미 거기에 앉아 있었다. 법문은 평소와 마찬가지로 담담했고 내용도 특별할 것이 없었다. 하지만 딱 하나, 지금까지도 뇌리에 선명하게 박혀 있는 이야기가 있다. 그날의 법회를 마무리하던 스님의 마지막 짧은 인사말이었다.

법정 스님은 그때쯤 자신의 죽음을 예견하고 있었던 건지, 다음과 같은 인사말을 대중들에게 남긴다. 내가 들은 가장 간소하고 아름다운 이별의 말이었다. 기억에 남은 범위 내에서 가감 없이 여러분께 옮겨드리고자 한다.

"법회는, 이것으로 마치겠습니다. 제가 이 자리에서 미처 다 하지 못한 이야기들은, 새로 돋아나는 꽃과 잎의 거룩한 침묵을 통해 들으시기 바랍니다. 안녕히들 가십시오."

삶, 저마다의 역사노트

아버지께서 생사의 고비를 넘기고 투석을 받기 시작하던 해 첫아이가 태어났다. 2006년 가을의 일이다. 삶의 한 역사가 내리막으로 전환되던 시점에 또 다른 역사는 생동하며 새롭게 출발하고 있었다. 생은 그렇듯 무심하게 태동해 무심하게 제 갈 길을 간다.

삶은 누구에게나 '역사'다. 모든 인간이 저마다의 스토리로 각자의 역사를 써 내려가며 한 생을 살아낸다. 선택 없이 주어진 그 길은 참 두렵기도 하다. 생로병사의 거대한 윤회가 예외 없이 사람을 틀어쥔다. 빠져나갈 길은 없다. 그러니, 그 안에서 어떻게 사느냐, 어떤 역사를 쓰느냐 만이 각자가 선택할 수 있는 옵션이다. 발버둥 치든, 받아들이든, 주어진 공책은 단 한 권이다. 그 한 권 위에 지울 수도 고칠 수도 없는 나만의 역사가 적혀 내려간다.

오래전 그 노트의 첫 장 목차에 '따뜻한 냉정'과 '부드러운 강함' 같은 걸 적어보았다. 삶이라는 역사의 여러 갈림길에서 힘겨운 선택을 해야 할 때마다 수시로 들춰볼 나만의 길라잡이였다. 목차나 서문을 미리 써놓는 것은 효율적인 방법이다. 인생이라는 역사의 큰 줄기, 방향을 잡아가는 데 어느 정도 도움이 된다. 본문 구성도 그만큼 명료해질 수 있다. 아무 얼개도 없이 마구잡이로, 써 내려가는 역사는 결말을 더욱 예측하기 어렵다. 물론 노트의 마지막 내용은 누구도 알 수 없다. 어떤 결론으로 공책의 마지막 장을 덮게 될지 모른다. 하지만 적어도 서두에서부터 삶의 어떤 방향성을 잡아놓는 것은 엉뚱한 곳으로 가거나 길을 잃지 않기 위한 초석이다. 아차! 하는 순간 생은 낭떠러지다. 주어진 시간은 손안의 모래알처럼 술술 빠져나간다.

아메리카 인디언들은, "삶이란 바람에 흩어지는 들소의 입김이고 일몰 뒤로 사라지는 그림자 같다"고 했다. 장자의 그 유명한 잠언 '백구지과극白駒之過隙'과도 상통하는 이야기다.

"인생이란 열린 문틈 사이로 쏜살같이 지나가는 백마 한 마리를 보는 것과도 같다."

실로 그렇지 않은가. 돌이켜보면, 채 눈에 담을 틈도 없이 한달음에 사라져버리는 것이 인생이다. 탄식이 절로 나오는 표현이다. 중국의 시인 소동파도 그의 시 「설니홍조雪泥鴻爪」에서 비슷한 이야기를 했다. 인생을 '눈 위에 찍힌 기러기 발자국'이라고 했다.

인생이 무엇을 닮았는지 아는가?人生到處知何似
그것은 눈 위에 찍힌 기러기 발자국 같다應似飛鴻踏雪泥
우연히 그 흔적을 남기긴 했으나泥上遇然留指瓜
기러기가 어디로 날아갔는지는 알 수 없다鴻飛那復計東西

미국 영화 〈덴버〉의 오프닝 신을 보면 죽음을 앞둔 한 노인의 담담한 독백이 나온다.

"70년을 살고 깨달았지요. 이 우주에서 인생이란 '겨자 소스' 같은 겁니다. 한순간 톡! 하고 쏘다가 다음 순간 이내 사라져버리지요."

영화 말미에는 또 이런 대사가 이어진다. 죽음을 직감한 주인공 지미(앤디 가르시아)가 아직 태어나지 않은 배 속의 아들에게 남기는 유언이다.

"누군가 말했단다. 인생은 너무 빨리 지나가 버리는 여름방학 같다고. 맞는 말이지. 너도 언젠가 알게 될 거야. 그러니 너의 인생을 즐기며 살아라.

목록을 만들어봐. 너에게 가장 중요한 열 가지. 누구나 다 이룰 수는 없어. 그저 대여섯 개만 얻어내면 그걸로 성공한 거야.

넌 나의 목록에 있었단다. 내 목록에서 가장 성공한 작품이지. 네게 이 말을 남길 수 있다는 것에 그저 감사할 따름이야."

이 책의 마지막 글은 에필로그를 겸하고 있다. 순서상 죽음을 마지막에 두지 않고 삶을 마지막에 둔 것은, 우리가 끝내 함께 호흡해야 할 것은 죽음이 아니라 삶이기 때문이다. 어떤 조건 속에서도 마지막까지 손에 쥐고 있는 것은 다름 아닌 삶이다. 죽음은 손 안에 쥘 수 있는 것이 아니다. 닿는 순간 그걸로 끝이다.

삶은 나의 역사 그리고 당신의 역사다. 어느 누구도 아닌 당신만이 유일한 집필자다. 삶의 주인은 시대도 사회도 아닌 오로지 자신일 뿐이다. 그러니 삶을 껴안자. 삶을 끝까지 보듬어 안자. 자신이 써 내려가는 역사책의 마지막 장을 섣불리 비관하지 말자. 그 비관으로 집필을 중도 포기하지 말자. 끝에 무엇이 있을지는 아무도 알 수 없다. 생의 모든 가능성들을 희망과 절망 사이에 덤덤히 열어두자.

마지막 페이지란 결국, 최선을 다한 본문들이 만들어낸 후회 없는 결론이다. 누구에게나 그것이 최선 아니면 차선이었을 것이다. 그저 묵묵히, 스스로 정한 목차에 따라 한 장 한 장 넘기다 보면, 부끄럽지 않은 결말이 기다리고 있을 것이다.

거기까지 멈추지 않고 나아간 것만으로도 모든 역사는 위대하다. 위대한 모든 역사의 주인공에게 이 책의 마지막을 바친다.